一半金黄一半翠绿

文昊◎编

新疆美术摄影出版社
新疆电子音像出版社

图书在版编目（CIP）数据

一半金黄一半翠绿 / 文昊主编. — 乌鲁木齐：新疆美术摄影
出版社：新疆电子音像出版社，2013.10 （2015 年 4 月重印）
（亚洲中心文化丛书）

ISBN 978-7-5469-4431-9

Ⅰ.①一⋯ Ⅱ.①文⋯ Ⅲ.①散文集 – 中国 – 当代
Ⅳ.①I247.5

中国版本图书馆 CIP 数据核字（2013）第 244347 号

亚洲中心文化丛书　　文昊 主编

本册书名	一半金黄一半翠绿	
编　　者	文昊	
责任编辑	吴晓霞	
装帧设计	党　红　李瑞芳	
出　　版	新疆美术摄影出版社	
	新疆电子音像出版社	
社　　址	乌鲁木齐市经济技术开发区科技园路 5 号〔邮编：830026〕	
电　　话	0991-3773930	
发　　行	新华书店	
印　　刷	三河市燕春印务有限公司	
开　　本	787mm×1092mm　1/16	
印　　张	11	
字　　数	107 千字	
版　　次	2015 年 4 月第 2 版	
印　　次	2015 年 4 月第 1 次印刷	
书　　号	ISBN 978-7-5469-4431-9	
定　　价	29.80 元	

◆ **文化撷英**
Cutural Excavation

永远的刀郎 ······························ 枣林子 1

柯尔克孜族的口头"经典"《玛纳斯》

·················· 依斯哈别克·别先别克 4

金山绝响

——布尔津草原文化撷英 ········ 张　晖 8

情迷索尔巴斯陶 ······················ 秦红丽 15

喀什古典的面影 ······················ 王　纬 19

英吉沙小刀 ·························· 殷　明 21

新疆方棋典故 ·························· 胡　勇 26

慕士塔格峰的鹰笛之声 ·············· 楼望皓 30

寻找马头琴艺人 ······················ 李桥江 34

走进中国第一家丝绸之路博物馆

····························· 张迎春 37

走进中国民族乐器村 ·················· 红　柳 40

维吾尔柔巴依 ·························· 沈　苇 44

哈萨克族的马上游戏 ······················· 51

哈萨克族阿肯弹唱的形成与发展 ············· 62

新疆儿童游戏——"斗鸡" ············ 王力德 70

◆ **艺术宝典**
Art Treasures

《十二木卡姆》——绝代佳人绝代歌

··························· 刘　逊　刘　迪 75

龟兹佛教壁画艺术 ··········· M·布萨格里[意] 81

吐鲁番——艺术圣地 ········· M·布萨格里[意] 86

克孜尔壁画中的人体艺术

　　　　　　　……………………… 王功恪　王建林 90

龟兹石窟的裸女 ………………………… 南　子 101

古冢丹青寓意长 ………………………… 张　晖 105

柯尔克孜族的织绣艺术 ………………… 宋　成 110

………………… 重新解读狩猎岩画刘学堂 115

◆ **民族宗教**
National Religion

新疆历史上的第一座清真寺 ……… 马品彦 119

佛教宝库——阿克苏 ……………… 森文等 122

天池的宗教和历史遗迹 …………………… 128

古代和田的老鼠崇拜 ……………… 马品彦 131

清代人笔下的维吾尔族宗教习俗

　　　　　　　……………………………… 何汉民 135

古代突厥人的萨满教 ………… 凯兹拉索夫 140

维吾尔人的丧葬风俗 ……… 海来特·尼亚孜 144

◆ **民间工艺**
Civil Craft

和田桑皮纸制造过程 ………………… 李吟屏 147

◆ **异域寻宝**
Seek Treasure

新疆和田白玉的修饰、装潢技艺种类

　　及其检测方法 ……………… 何金明　何　琳 149

文 化 撷 英

永远的刀郎

枣林子

以前,我多次欣赏过刀郎人歌舞的写实照片,但当真实的刀郎人和刀郎舞蓦地出现在眼前时,我禁不住大欢喜、大感动。

整整一天,我沉浸于刀郎歌舞之中,有生以来一种不曾有过的激情在我的胸腔中鼓荡着,一遍遍的,毫不倦乏。当卡伦、刀郎热瓦甫奏出悠远的过门,一个鼓手"噢——"地起序,那声音格外奇崛,似一种遥远的呼唤,伴随深沉有力的节奏,歌者齐发。摄魂荡魄呀,这是一种意境。

麦盖提之行是有声有色的。我们的汽车驶过了新修的叶尔羌河大桥后,便到了著名的刀郎歌舞之乡。我们先在县城参观了麦盖提农民画,这使我对麦盖提的农民有了一个全新的认识。这些不起眼的农民,骨子里流淌着艺术的血液,我始终弄不明白,是歌舞激起了他们的创作激情,还是绘画创作点燃了舞者心智的灵光。

刀郎舞,也叫"刀郎麦西来甫"。全过程表现了狩猎时的情形和凯旋

1

时的喜悦。我在观舞过程中发现，其表演是有固定的程式的。初起，散板高歌，似在召唤各个部落的人参加围猎，接着是走步对舞，男人伸出双手，左一下，右一下，表示用手拨开树丛寻找猎物，女人则将一只手背在身后，另一只手高高举过头顶，表示高举火把照明。再下来是边走边旋，乐曲也变得紧张急促，说明了发现野兽并与之展开搏斗直至围歼的情形。舞者双臂起落有力，越转越快，这时全舞达到了高潮。

在央塔克乡，我们被引到一农家大院，刀郎人正在大院中架起篝火，忙活着烤鱼什么的，一位老妈妈已经忙了整整一个早晨了，她要为我们做一种全村也没几个人会做的苞谷面饺子。见我们到来，她从坐垫上慢慢下来，边招呼我们，边活动一下早坐麻木的双腿，然后坚忍不拔地继续着她的活。在这里，我认识了一位八十多岁的刀郎老人，他叫木拉丁·吾守尔，他那黢黑的面容与他那把银白的胡须形成了鲜明的对比。老人腰弯了，门牙豁了，但笑起来爽朗，唱起来陶醉，舞起来敏捷。木拉丁老人总是笑眯眯地盯着我们，目光中充满了看孙女一般的慈爱。我们渴望交流。通过翻译，他告诉我，他父亲是清真寺里的阿訇。还在他很小的时候，他调皮极了，父亲太忙就把他送往叔叔家。叔叔好歌舞。从此，他也由小舞到了今日的狂舞，并在舞蹈中与村里的一姑娘相爱了。这是一位刀郎老人粗略的生活轨迹，但我知道，生活中一定还有某种窘迫和困苦，歌舞成为一种必需，否则，庸常杂芜的日子，将使精神黯然。

由刀郎舞我想到了刀郎人。史家研究，刀郎乃维吾尔族的一个分支，但在生活习俗、语言、文化及相貌上却与维吾尔人有一定的差别。上溯 13 世纪，蒙古人征服了整个亚洲及东欧部分地区，建立了威名赫赫的元朝，南疆及中亚地区成为成吉思汗次子察合台的封地。此后，在伊斯兰教传播的过程中，因蒙古人拒绝改宗伊斯兰教，受到世俗政权的压迫，被迫迁至沙漠边缘，以打渔狩猎为生。至 15 世纪，他们开始信仰伊斯兰教，开始了农耕民族与游牧民族在语言、文化、民族方面的交融，形成了现在的刀郎人。所以说，刀郎人有着蒙古人的血统。据考证，刀郎舞与蒙古人的倒喇舞有着极为密切的渊源关系。倒喇舞的节奏也是由慢及快，然后在急速旋转的高潮中结束。从现代蒙古人的倒喇舞中，我们也许可以寻找到刀郎人身上蒙古血统的信息。

刀郎舞开始了，歌者闭起双眼，打着手鼓，集结了鼻腔、胸腔、丹田之气，发出低沉若洪钟般的共鸣声，一种原始的意象、粗犷的气势令我们不能自己。木拉丁老人同我对舞起来，他不时地纠正我的手摆动的方向、旋转的快慢，我们用眼睛对话，用动作交流。这是一次灵魂的对舞。慢慢地，我掌握了舞蹈要领。先起，矜持缓慢，随后坚定硬朗起来，动作幅度也逐步加大。一曲一曲，歌者不疲，舞者不乏。

那位跳得极具韵味的年轻的刀郎人是乡文化站的站长。他告诉我，《刀郎木卡姆》是新疆地方音乐中最古老的艺术，其中共有9个套曲。传说在很久很久以前，一位名叫努尔木汗的母亲，她有3个儿子，每天都要出去打猎，母亲在家担惊受怕，度日如年。于是，她叮嘱3个孩子，打完猎一定要高声唱歌，她只要听到孩子的歌声，便知道他们平安无事。3个儿子每天都去不同的地方打猎，大儿子声音粗犷深沉，她就知道这是包孜巴亚宛的声音；二儿子歌声圆润优美，她就知道这是胡代克巴亚宛；小儿子歌声温柔婉约，她便知道是孜力巴亚宛。以后，3个孩子的名字便成了套曲的名称。这是一个多么生动的传说呀。传说中透着人类最伟大的感情，透着浓厚的草原气息。我返璞归真，享受着意切情浓的刀郎人的生活。

开饭了，大碗的苞谷面饺子，大盘的米肠子面肺子，大碗的酸奶子一下便把我们打倒了，后面再端上来的美味的刀郎烤鱼、烤土鸡、烤羊肉，我们便只有看的份了。酒过三巡，歌舞继续，我们更是兴奋得满面通红。我们全体都上场舞了起来，与刀郎人在一起，仿佛我们都成了刀郎。

这是一个普通的农庄，它在人的生命中是圆满的，它闪烁的光泽给我们打下了深深的烙印。

柯尔克孜族的口头"经典"《玛纳斯》

依斯哈别克·别先别克

　　柯尔克孜族是一个历史悠久的古老民族。《史记》中柯尔克孜族称作"鬲昆",后来又作"隔昆"。汉魏时期用得较多的是"坚昆"。南北朝至隋时,有"结骨"、"契骨"等称号。唐朝有时用"坚昆",有时作"黠戛斯"、"纥里迄斯"。元朝时作"柯尔克孜",又有人译作"吉利吉斯"。译法上的差别,是因为译自柯尔克孜族本民族语言的发音或俄语的发音。柯尔克孜族主要分布在吉尔吉斯斯坦和中亚的其他共和国, 也分布于中国部分地区。新疆的柯尔克孜族主要居住在克孜勒苏柯尔克孜自治州。2002 年,新疆柯尔克孜族人口为 171316 人,其中,克孜勒苏柯尔克孜自治州占 77% ,还有一千多人居住在东北黑龙江省富裕县境内。

用史诗撰写历史的民族

　　如果说其他民族将自己的文化和历史用书面文字、雕塑、建筑、戏剧、美术作品等形式保存下来的话,柯尔克孜族则将自己全部的内心世界,民族的荣辱、抗争和追求用口头史诗形式反映了出来。柯尔克孜族民间文学内容丰富,绚丽多姿,史诗、叙事诗浩如烟海,可称得上是用史诗撰写历史的民族。正如 20 世纪德国著名的语言史诗学家雅克·格林所说的"我们的语言——这就是我们的历史"那样,《玛纳斯》和众多的史诗就是柯尔克孜族的历史。柯尔克孜族的《玛纳斯》与蒙古族的《江格尔》、藏族的《格萨尔》并称为中国著名的三大史诗。柯尔克孜族人民不仅拥有 8 部史诗《玛纳斯》,而且还创作出 100 多部被称为"小型史诗"的叙事诗。

凡有柯尔克孜族的地方,就会流传着《玛纳斯》的演唱会。除中国新疆地区外,吉尔吉斯斯坦、哈萨克斯坦以及乌兹别克斯坦也是《玛纳斯》的主要流传地。阿富汗和巴基斯坦北部也有柯尔克孜人居住,在那里也有《玛纳斯》流传。史诗包含了历史、习俗、文学、语言、经济、军事、医学、天文、宗教、伦理、道理、生活等丰富的内容,成为认识和研究柯尔克孜族不可缺少的百科全书。它经玛纳斯奇们代代相传,不断积累,发展成为民间文学中的稀世珍宝,同时也是整个柯尔克孜文化艺术发展的源泉。

史诗通过动人的情节和优美的语言讴歌了玛纳斯及其子孙前仆后继,率领柯尔克孜人民抗击外来侵略者的征战,以及反对内部邪恶势力的压迫,追求自由幸福生活的愿望。玛纳斯奇们的演奏融声、乐、情于一体,以声传情,达到了炉火纯青的艺术高度。

中国学者经过多年研究得出结论:中国新疆天山北部的特克斯草原是《玛纳斯》最早的形成地,中国是《玛纳斯》的故乡。新疆的玛纳斯县和呼图壁县都是以《玛纳斯》中的英雄的名字命名的,甚至有的《玛纳斯》研究家认为"玛纳斯确有其人其事"。虽然如此,目前史书上却没有关于玛纳斯的确切记载,玛纳斯其人是否存在还有待考证,但是全体柯尔克孜人对于玛纳斯其人在现实中是否存在过的怀疑是难以接受的。他们宁可信其有,不肯信其无。柯尔克孜人民热爱玛纳斯,敬仰玛纳斯,崇拜玛纳斯。在柯尔克孜人民的心目中,玛纳斯是一个顶天立地的英雄,是他们的民族之魂、精神支柱,是苦难的求助者,灾难和祸患的防御者。人们相信玛纳斯的灵魂仍然活着,他会永远护佑柯尔克孜人。对英雄玛纳斯的爱戴之情已深深地沉淀于柯尔克孜民族的深层意识里。

信息时代的荷马——居素甫·玛玛依

两千多年前古希腊人荷马以其超凡的才能,在民间英雄歌谣的基础上创作了《伊利亚特》(15690行)和《奥德赛》(12110行)两部史诗而成为世界文学史上的典范。与我们一同生活在21世纪的居素甫·玛玛依演唱的《玛纳斯》唱本，气势磅礴，结构宏大，篇幅浩瀚，长达232665行，比《伊利亚特》多14倍，比《奥德赛》多18倍。他除了演唱《玛纳斯》史诗18卷以外，还演唱了《叶尔托什吐克》、《托勒托依》、《克孜萨依卡勒》等柯尔克孜族著名史诗，还有哈萨克叙事诗《七个可汗》等。

20世纪60年代以来在中国被认定的80多位玛纳斯奇当中，最杰出的是今年87岁的居素甫·玛玛依。

柯尔克孜人民酷爱《玛纳斯》的同时，更崇敬玛纳斯奇。《玛纳斯》史诗世代流传，玛纳斯奇丰功盖世。玛纳斯奇们有着超人的记忆力，演唱起来如行云流水。虽然不用乐器伴奏，但他们表演时感情充沛，表情丰富，语调时而激昂，时而低缓悠长，且伴有一定的手势。玛纳斯奇能通宵达旦地演唱，甚至长达几十天。

居素甫·玛玛依于1918年4月出生于克孜勒苏柯尔克孜自治州阿合奇县偏远山区的一个玛纳斯奇世家，是父母亲27个孩子中有幸存活的3个孩子之一，是全家最小的孩子。父亲的鼓励，哥哥的熏陶和培养，为居素甫·玛玛依日后成为一个大玛纳斯奇创造了良好的条件。1934年秋，居素甫·玛玛依的哥哥巴勒拜将自己一生所收集的一褡裢有关《玛纳斯》及其他民间文学、历史等方面的手抄本交给居素甫·玛玛依，要求他一定要把祖先的这笔珍贵遗产传给后代。他对居素甫·玛玛依言传身教，亲自指导，使他掌握了史诗演唱的各种技艺，逐渐成为一名受人尊敬的史诗演唱大师。应人们的邀请，居素甫·玛玛依在各种婚礼、集会、节日上演唱《玛纳斯》。他学唱的《玛纳斯》主要是哥哥巴勒拜多年搜集的8部。

《玛纳斯》全部史诗是以第一代英雄"玛纳斯"的名字命名的。《玛纳斯》是部史诗的总称，又是指该史诗的第一部，其余各部以该部史诗的主人公的名字命名。第一部《玛纳斯》，第二部《赛麦台》(玛纳斯的儿子),第三部《赛铁克》(玛纳斯的孙子),第四部《凯涅尼木》(玛纳斯的重孙),第五部《赛依特》,第六部《阿斯勒巴恰与别克巴恰》,第七部《索木碧莱克》,第八部《奇格台》。史诗采用韵文的形式,每一部都是单独的长诗,又前后照应,玛纳斯奇从头唱到尾。

1961年3月,居素甫·玛玛依开始为《玛纳斯》工作组演唱《玛纳斯》史诗,当时他演唱的是史诗的前5部,共计96800行。1964年6月至1966年7月,居素甫·玛玛依又演唱了前5部遗漏的内容,并补唱了第六部《阿斯勒巴恰与别克巴恰》的内容,至此,他演唱的《玛纳斯》前6部共196500行。

居素甫·玛玛依在"文革"中因演唱《玛纳斯》身心受到摧残。1978年11月,他被请到北京重新演唱《玛纳斯》。尽管前两次演唱的资料在"文革"中已散失,但他依然怀着满腔热情,以高度的责任感和使命感重新开始,又一次从头演唱《玛纳斯》。到1983年3月底,他把《玛纳斯》前6部重新唱了一遍,并被记录下来,又新唱了第七部《索木碧莱克》12000行,第八部《奇格台》12000行。这样,居素甫·玛玛依演唱的《玛纳斯》史诗共8部232665行,成为世界上内容最丰富,结构最宏伟的一个唱本。

金山绝响——布尔津草原文化撷英

张　晖

阿尔泰山，苍茫、雄浑、挺拔、壮美。

阿尔泰山古称"金山"，自古以来就以盛产黄金而驰名中外，它不仅是一座自然之山、黄金之山，更是一座文化圣峰。阿尔泰山及其周边被国际学界推崇为"人类真正原始的最为古老的文化发源地"，"是人类向亚洲大陆北部和东部移动的远古中心之一"。

阿尔泰山的广阔和博大，往往令人望而却步，而迷人的布尔津几乎浓缩了金山自然与人文瑰丽诱人的所有因子，呈现给世人的是一个充满"神奇、神秘、神圣"的五彩之窗。透过它能够使人最快地体会何为新疆之美，金山绝响。

只要上路，随时能与古老文明相遇，这就是布尔津。

布尔津高山逶迤，草原辽阔，水草丰美，历史上几乎吸引了亚洲腹地所有重要的草原游牧民族，演绎了一幕幕雄奇悲壮的历史活剧，留下了一串串弥足珍贵的历史印迹。

两千多年前的春秋战国时期，布尔津是塞人的游牧地。秦汉时期，这里被匈奴所占据，三国时属鲜卑，魏晋南北朝时柔然成为这里的主人。隋唐时突厥人发现了布尔津的富庶。宋时乃蛮部落在此安营。蒙元时代成吉思汗西征后属于其三子窝阔台的领地，明清时代布尔津分别成为卫拉特蒙古瓦剌部和厄鲁特蒙古准噶尔部的历史舞台。因此，可以说布尔津拥有最为丰富的草原文化历史背景。

　　在绿洲丝绸之路开通之前，东西方文化交流主要在草原丝路上进行，因主要流通物为黄金，此路又被称为"黄金之路"。它以新疆阿勒泰地区为核心，东起大兴安岭的北部，经蒙古草原、阿勒泰，再到世界各地，其中草原丝路中的额尔齐斯道便经过布尔津。此路从蒙古高原进入今伊吾县、哈密市、巴里坤哈萨克自治县一带，过木垒哈萨克自治县、奇台古城、将军戈壁、青河县（也可直接从蒙古高原进入青河县）至富蕴县（也可直接从蒙古高原进入富蕴县），然后沿额尔齐斯河至布尔津县，过布尔津县至吉木乃县，再至世界各地。

　　布尔津自古以来是众多游牧民族的家园，北方草原丝路的必经之地，因此历史上留下了大量以古石堆墓、岩画、鹿石，以及石器、陶器、青铜器、骨器、铁器等为代表的草原文化遗存。有些遗存已被人们赋予了传奇色彩，如喀纳斯成吉思汗点将台、西征将士的铜盔甲、将军锅等。

　　布尔津古代墓葬大多分布在山间盆地，或山前开阔的地方。根据专家考察发现，早期墓葬大都用石质材料砌成，分为封土石堆墓和石棺墓两大类。封土石堆墓，周围用黑石围着，有圆形石堆墓、环石围圆形石堆墓、方土石堆墓，还有土坯、红砖结构建筑的墓葬等。在圆形石堆墓和环石围圆石堆墓的东面多立有鹿石，有些地表立有石人。一般立在墓葬的东面，面部也朝东，被人们称为石人墓。石人有独立石人、男女两性石人等，同立于一座墓葬。立石人的内涵表现了对祖先崇拜的思想观念，具有祖先保护的含义。石人是典型的草原文物，它表现了草原居民尚武的精神。

　　行走在阿尔泰山间，徜徉在布尔津河谷，你的眼神就不能不在这些沉默的石人身上掠过。听山间风吟，闻河间水喧，在这些无语的石人脸上，你会看到无限的希望，在静静守候的岁月里，他们仿佛在等待远方军队的凯旋归来。有国外学者曾评价过：阿尔泰山的石人是典型的山地草原民族文化现象，是中国北方民族漫长历史的见证人。

　　石人文化是布尔津草原文化璀璨的明珠，蕴藏丰富，在布尔津石人中除了阿勒帕布拉克墓地三角截面石人、海流滩弧角矩形截面石人和乌求布拉克女性石人等值得人们驻足关注外，就是位于阿贡盖提草原的石人阵了。

阿贡盖提草原石人阵位于布尔津县城至喀纳斯风景旅游区96千米公路旁，此处为布尔津县也格孜托别克乡的春秋牧场。一眼望去，整个谷地四面环山，地势平坦，山坡上松林栉比，绿草如茵，山谷中鲜花怒放，各种植物极为茂盛，为阿尔泰山中心带盆地。

阿贡盖提为蒙古语，意为"阳光普照的地方"。它以得天独厚的地理位置和自然风光，与当地自然淳朴的民俗风情、人文景观融为一体，吸引着过往的游客。

阿贡盖提草原石人阵是布尔津分散石人的集中地，拥有石人十多尊，大多为突厥时代石人遗存。突厥是历史上的一个游牧民族，在强盛时期，曾征服了亚洲草原上的许多游牧民族。《周书·突厥传》中记载，突厥人死后要"于墓所立石建标"。这说明，古代突厥人有在墓地立石的风俗。在《隋书·突厥传》中也有突厥人尚武好战，死后要"图画死者形仪及其生时所战阵状"的记载。或许，人们可以就此推断，墓地立石之上刻画的正是墓主人自己的光辉形象。

从衣饰上看，阿贡盖提草原石人有那么一些古西域战士的样子。它们都束腰带，衣领紧紧地扣着，俨然一副要出征的样子。但从表情上看，它们却又像几个缄默不语的哲人。他们的目光充满了坚毅、执著和悠远的气息，虽然只是几双石刻的眸子，但却将他们蕴藏内心的东西显露无遗，再仔细一看，里面似乎还隐隐约约有山的影子，与周围的大山已融为一体。

黄昏时刻，霞光会把草原映照得格外灿烂。有牧民曾在阿贡盖提草原上，望着草地中心的那十几个石人出神。望着望着，竟觉得那些石人是一群正在舞蹈的少女，有一种非常轻盈，而又非常神奇的东西正在向自己袭来。这时候他眼前出现了许多幻觉，久久萦绕。等他醒过神，就发现彩霞已消失,草地上正飞舞着一群蝴蝶。它们在石人左右翻飞,再次把黄昏的光线搅动得更加斑驳。于是他进入神幻,冥冥之中似乎与那十几个石人在对话。

无论是墓地石人还是随葬石人,都具有灵魂保护的含义,其根源就是先民对石头本身的崇拜,认为石头具有通灵的作用,所以也就会在阿尔泰山下出现数量众多的武士型石人的典范。它们的共同特点是一手持刀,一手执杯。石人中有的雕琢细腻,不仅刻出了刀鞘和挂件,还雕出了披氅的衣领;有的则简而化之,仅以阴刻的方式勾勒出双臂的轮廓。有的脸型是很明显的蒙古人种,有的则显出欧罗巴人种的特点,这说明所谓的突厥人可能也是由不同民族组成的联合体。石人之所以持刀,很可能就是由于突厥人有尚武的风俗。至于为何总会在另一只手中托着一个杯子,有一种观点认为是权力的象征。还有一种解释认为杯子的含义仅仅就是酒杯,石人代表的就是死者本人,它也和活着的人一样,正在参加追悼自己的丰盛酒宴。所以,石人应该具有通灵的作用,即使人死之后,他的灵魂也会依附在石人身上,只要石人不倒,他的灵魂就不会消失。正因为石人延续了一个人的生命,所以在敌人的眼中"他"依然是要被征服的对象。

游牧民族普遍认为人死之后,灵魂可以升天,而搭乘升天的阶梯便是可以通灵的石头,将死者刻画成石头上的人像,那便是通天石人。因此,石堆墓普遍存在于亚洲草原上,甚至在民族差异巨大、相距甚远的地方也会出现极为相似的石堆墓,这很可能是源于对死亡的相同认识。而这种精神领域的共同性源于同一种原始宗教萨满。亚洲北部的许多民族曾经普遍信仰过萨满教,它崇尚自然,认为万物有灵,并没有统一的崇拜偶像和宗教规则。因此,居住在高山和草原上的民族会对山石、天地进行顶礼膜拜。

在石人文化存在的3000多年中,草原上的民族频繁发生战争、迁徙和融合,所以石人研究中的很多问题至今无法解释。现在矗立在布尔津草原上的石人已经成为一道风景,成为一种神秘主义的象征。

岩石的生命比一个个体生命要长久得多,而那些不知名的石刻艺术家已经湮没在历史长河中,而我们通过这些依旧清晰的石刻艺术品,可以看到他们热烈的生活和艰辛的劳作,可以想象,千年万年前的古代先民们和我们一样有着对美好生活的向往和渴求。

阿尔泰山常被人们誉为千里石刻艺术长廊,这一说法皆因阿尔泰山岩画的存在而获得,这里的古代岩画堪称"大地的精美艺术,石刻的博大史书",而分布于布尔津的也根布拉克、库须根等岩画将这一美誉推向了极致。

也根布拉克岩画位于布尔津县冲乎尔乡西北方向 20 千米处,据初步勘查,在 1000 米左右长的岩壁石面上,分布着 300 余处岩画,就连山上滚落的大石上也有岩画。雕刻手法以阴刻为主,也有少量阳刻,艺术技法古朴生动,具有独特的风格。岩画作者具有高度的艺术表现力和概括力,他们运用均衡对称美、概括夸张美、主次对比等多种艺术手法。岩画采用轮廓画、浅浮雕、线条画等多种艺术表现方式,在雕刻艺术技法上的精细也有较大差别,但是,均具有显著的北方游牧民族的独特风格和浓厚的地方色彩,所刻的动物及其他生物与当地的地理自然环境是分不开的。画面最大的有 17X15 米,最小的仅有 0.3X0.5 米不等。岩刻大致有人物、马、牛、羊、骆驼、狗、狼、熊、狐狸、鹿以及放牧、打猎、骑马等形象。制作方法一种是雕琢动物肢体结构,勾勒出动物的形象,另一种是以浅浮雕形式打击出动物形象。也根布拉克岩画,题材广泛,内容丰富,有的画面充分发挥了作者的想像力,具有浓厚的浪漫主义色彩;有的画面表现了作者的写实性,给予人们一种亲切的真实感;有的画面则反映了当时原始的崇拜象征物,还有一些凿刻内容令人匪夷所思。

可以说,这些丰富多彩的岩画不仅是古人生活的愿望和生活手段的记录,以及斗争经验的总结,也是教育部落成员及后代的教科书和传授知识的画本。这些被描述于岩石上的动物形象可以促使人们不断回忆和联想,激发人们对各种动物的占有欲,年轻一代可以从中认识动物的习性,掌握动物的种类及其活动规律。

生命在于运动,运动意味着生命,运动是生命的表现。一切运动都包含了空间的性质。一件缺乏运动和节奏的造型艺术品,犹如一具死亡了的躯体,丝毫谈不上什么表现的能力。在也根布拉克岩画中,可以说充满了运动感和生命力的动物岩画,它们有的相互追逐、奔跑、相互争斗,有的伸颈长嘶,有的却回首顾盼或四蹄腾跃,充分张扬了岩画艺术家对物象的观察和卓越的表现能力,不仅能准确地表现动物正常情形下那些奔放有力、富于生命力又各具风姿的动物形象,还善于摄取动物转瞬即逝的特殊动态。

也根布拉克岩画,仰望着它,你会陶醉神往,浮想联翩。那壁面,由于地质断层所切,垂直平洁,天然线纹在水浸风蚀下,显得极其清晰,美丽古老的红橙地衣极有规律地爬附其上,使其变幻着巨幅的抽象图景。而古代先民,又把热烈激昂的情绪宣泄其中,把各类图像挥洒其上。大自然和人类在岩石上共同创造着辉煌的乐章和不朽的生命。这是自然和人类、物质和精神多么深刻和谐的交融啊!

库须根岩画是布尔津县规模较大的一处岩画,集中分布在距布尔津县城—喀纳斯湖公路较近的冲乎尔乡境内。岩画内容多与游牧民族生活有关,有山羊、狐狸、狗、马等动物造型。

岩画大部分分布在山沟阳坡裸露的岩石上,百余幅图画散见于23平方千米的山坡石间,气势不凡,也有很小的岩刻画点,仅雕刻一幅图画,耐人寻味。

吐鲁克岩画位于喀纳斯湖一道湾东岸的变质千层岩上,基岩经古冰川作用形成一种特殊的地貌景观羊背石,岩画即附雕其上。岩画地理位置优越,迎面俯视湖面,背后依傍着优美壮丽的夏牧场。现岩画共分为两处,刻有刺猬、野猪、山羊、狼、狗、鹿、雪鸡等动物形象,整个岩画雕刻手法细腻、朴素,造型优美,是游牧民族生活的真实写照。

布尔津古代岩画存在的价值,已经远远超出了单纯的艺术本身的范畴。它对研究历史、考古、民族、哲学、美术、生物、地理,以及宗教诸学科,了解早期人类政治、经济、社会、民族习俗、哲学思想发展过程、宗教信仰、审美观念、民族迁徙、地理变化等方面,提供了丰富的历史资料。它也是中国北方古代灿烂文化宝库中一件闪烁的瑰宝,以自己独特的方式,成为中华民族文化中的重要组成部分。

情迷索尔巴斯陶

秦红丽

对脚下的这片土地,我一直认为自己很了解,30 多年的守望应该是有所沉淀的,更何况职业的需要,天山南北都已用双脚丈量过多回。直到几天前,当我和一群编外"驴友"无意中闯入这块净土索尔巴斯陶,沉浸在她的旖旎、俊秀、空旷与大气中时,我才知道,天山与我始终在玩着捉迷藏的游戏。

索尔巴斯陶,哈萨克语为"高山上的泉水"。因为时间的原因,我没能到达有泉水的地方。听向导说,那儿的美与这有些不同,对这句话我深信不疑。山是有生命的,而水则更具灵性,如若将山比作身姿伟岸的男人,那水则是柔情四溢的女儿家了。

清晨临出门时还在犹豫是否要去,因为老天一直是阴着脸的。从乌市出发经八钢到硫磺沟,一路滴着小雨,车道两旁始终是厚重的铅灰色,不断有拉煤的车呼啸而过,七零八落的矿井站在光秃秃的山上,扬着黑乎乎的脏脸冲我们傻乐,我的心情一直很低沉。

车行 1 个小时后,伴着刀郎的歌声,车窗外的山开始由沧桑变得柔和。到了达坂,窄窄的山路仅容一辆小车通过。山路崎岖,别克商务车像一头老牛喘着粗气慢慢攀行。爬升、下降、再爬升,在贴崖壁,右临山谷,好在这儿人烟稀少,车儿自顾攀援就是。不知过了多久,随着徐徐的绕升,大山开始向我们展示她的丰腴与美丽,咚咚心跳的声音听不见了,只看到云纠缠着山的鬓发,听到风轻抚着树的面庞,我的双眼贪婪地亲

15

吻着绿色的大山,心儿早已飞到了窗外。

20 千米的山路用了近一个钟头才走完,拉开车门,毫无戒备的我被温润的山风扑了个满怀,深吸两口气,立刻就有了沉醉的感觉。

也许是老天看我们行得太艰难,上得山来云雾虽未散尽,小雨却在不知不觉中停了。极目远眺,山峦叠嶂,群峰俊秀。向导老高说,若是晴天,对面的雪山可尽收眼底,景色更是怡人,可惜这云却将雪峰遮了个严严实实。虽如此,看着相牵相系的群峰染一身绿拥我于其中,心里已是相当的满足。

"向右面的山顶进发!"审视了地形后,年龄最大、登山瘾最足的老"驴友司令"终于憋不住发出了一声号令。随着这声号令,大家纷纷背起行囊,向目标进行。与以往徒步的感觉不同的是,因为考虑到一行人中个体差异太大,所以我们选择了较缓的慢坡前行,也因为这个选择,让我有充分的时间顾盼左右,流连着美景。

八月里的春姑娘

"快看啊,这么多的花!"刚翻过一个山坡,走在前面的琴就发出了惊呼。不敢相信自己的眼睛,原以为只有 6 月天山才会用怒放的鲜花将自己装扮成一个俏丽的"春姑娘",8 月的天山更多的应是娴静与温婉的。而此刻,这满坡迎风招展的花儿,分明在告诉我,这才是天山。红的、黄的、白的、蓝的、紫的,各色花儿仿若精灵般,摇曳于翠绿的山谷中。同行的小胖忍不住失去控制醉卧于花丛中,于是一个、两个……伴着欢笑,转眼间"醉倒"一片……

"人在世上越离开尘俗,越接近自己,就越幸福。"不知为什么,看着眼前的情景,突然想到卢梭的这句话。其实,人生中最本质的东西也最容易被人忘却,只有当你一层层拨开尘俗的羁绊,才会发现生命实际如此简单而自由。怀着这种感慨,我将视线投向了下一个山峰。

闯入蘑菇王国

山路越来越陡，伴着不知名的鸟鸣声，穿行在阴暗、参天的松柏林间，忽然有种时光倒流的错觉：多年前那个穿着花衣，扎着粉红丝带，总爱在林中寻梦的小女孩又出现在了眼前。恍惚中，却不知又一个更大的意外在等候着我们。我不知该如何形容那种心情，还是叫无意的闯入更贴切些。是的，是闯入，闯入了蘑菇王国。

当那些乳白的、银灰的、暗黄的，形态各异的蘑菇出现在我的眼前时，我有种瞬间窒息的感觉，时光真的倒流了。同样是捡蘑菇，只是和多年前的那个小女孩相比，此刻的我除了欣喜，内心却更多地涌出了一丝苦涩。想流泪，为这份上苍的眷顾与恩赐。不忍下手，却管不住自己的双手，采了一朵又一朵。像花儿一样绽放的蘑菇啊，带着远古的清新，就这样从我的指间一朵朵滑落。

登至山顶时，每个人的脸上都洋溢着一种幸福，相互看顾着袋中的蘑菇，比着谁捡得最多，最大，快乐就这样轻松地荡漾在每个人的心中。此刻的大山在我眼中已不仅仅是座山，她变得愈加地鲜活，她是有生命的，这种生命是宽广、挺立、豁达，更是给予。

不起眼的小木屋

下山时，我选择了另一条路。在路的尽头，有一座不起眼的小木屋，远远看去仅有火柴盒子般大小，背倚着大山和松林，矗立于墨绿的草甸之上。

一直压于山头的乌云，不知何时移到了山的那边。蓝天白云之下，有袅袅的炊烟自那盒中升起，伴着阳光的抚慰，给人一种如梦似幻的感觉。

下山的脚步并不轻松，1个小时后，当我站在那间小木屋前时才发现，因了我的到来惊扰了木屋的主人。3个六七岁的小男孩，一律长着黑红色、健康的小脸，躲在门内用一种好奇而又略显羞涩的眼神打量着

17

我，迟迟不敢出来。

为了消除小家伙们的戒备，我从袋中掏出了一块巧克力，因为听不懂汉语，孩子们的眼神始终是困惑的。

正难堪时，孩子的奶奶走了出来为我解了围，小家伙们走出了屋子，站在门口任由我拍照。更有趣的是，每当我举起相机，孩子的爷爷总是一回不拉地钻进镜头，摆出一副认真相，和小家伙们的天真形成了鲜明的对比，令人忍俊不禁。

因为语言不通，我无法与他们交流，但从他们的眼中、他们的表情里，我解读到在天山的深处，在索尔巴斯陶这块净土上，住着这样一户牧民，一家老小近十口人，虽然远离现代文明，日子却过得幸福安详。

来于斯归于斯

继续下山时，脚步开始变得轻松，天空也变得湛蓝，像珍珠一样依附在小草上的露珠不经意间都躲进了土里。一个个养尊处优的旱獭经不住阳光的诱惑，纷纷钻出了洞，坐在洞口用一双小胖爪惬意地梳理着皮毛，全然不顾头顶上盘旋着的苍鹰。牛羊儿悠闲地啃食着鲜嫩的青草，对拿着相机围着它们乱转的"两条腿的动物"摆出一副视而不见的姿态。自然和谐在这里表现得淋漓尽致。

我们追赶着落日的余晖，奔走在回家的路上，耳边回响着悠扬动听的歌声，内心的平静是从未有过的。不管是留下的还是带走的，对我来说，它们都是最珍贵的。有机会一定再来，在心里我默默嘱咐自己。

喀什古典的面影

王 纬

即使你没有到过喀什，种种传闻和介绍，以及一句"不到喀什不算到新疆"也许已经让你耳熟能详了。

喀什古称疏勒，是两千多年前西域三十六国中的主要国度之一。巨著《突厥语大辞典》和《福乐智慧》都诞生在这块土地上。这里的艾提尕尔清真寺与阿帕·霍加墓（俗称香妃墓）以其独特的伊斯兰教建筑风格而闻名。

它位于新疆塔里木盆地西南部，属温带大陆性干旱气候，很少下雨，冬季不是太冷。喀什市中心海拔 1294 米，它周边的崇山峻岭提供了一个给你留下深刻印象的背景，这种美使每一个到这里来的人都不可避免地感受到。喀什北面是平原和一片低矮的丘陵，西南方是帕米尔高原——在市内天气好的时候往往能看到远处发光的冰山。

在过去的几个世纪里，喀什被认为是中亚的首都，对它的神秘面貌的探视一度成为欧洲东方学者的主要目标之一。每个时期的旅行者行列中，都有人描述过它所具有的《一千零一夜》的氛围。在今天中亚的任何地方，也许人们再也不会发现像喀什这样仍然保持着中世纪风格的城市。

喀什老街上，中午时分弥漫着茴香和干果的气味。街边，对称、牢固而繁复的平台沐浴着阳光，把影子投射在路面上，白胡子老头们在香料的气味中喝着酸奶子和茶水，那种维吾尔人的砖茶，甘甜中略带着胡椒和生姜味，都是加了香料的。老城就像一本贴在石头上的图片集，和金子、羊皮纸一样古老，任凭时间从一道门到另一道门地改变着。

喀什的巴扎（集市）是这座古老城市各种事物的中心，许多旅行者都描述到它，描述到围绕这些巴扎组织起来的生活。在夏天气温上升到40℃的最炎热的日子里，阳光从用树枝和干草搭成的顶棚上漏下来，土黄色的巷道变得更为深邃，店主们安闲地蹲在货物中间，并不因为有顾客的光顾而特别在意。在这种典型的中亚光线中，你可以看到铁器巴扎上空飘荡的一缕缕浅蓝色的烟，带着新鲜的刚刚打造成的金属味道，这味道和更为浓郁的烟草、香料的气味混合在一起，直到很久以后在别的地方，类似的气味仍然会使你想起喀什。

喀什是南疆最远的大城市，交通方便，坐车费用便宜。老城里的三轮摩托车和马车，起价都是每人一元。如果不愿步行，坐马车逛喀什老城是很愉快的。同时喀什也是全疆最重要的维吾尔族聚居地之一。老城的主要街道几乎都通向艾提尕尔清真寺。星期五早晨，人们能听到寺中的买增站在宣礼塔上，召唤教徒做礼拜的声音："Aiiah-ho-Akbar"（真主伟大）。这声音在黎明的空气中震颤，飘过原野。

作为丝绸之路上的主角之一，直到20世纪上半叶的喀什仍然是欧亚大陆之间一种古典的、冒险性质的商贸活动的集中地；在20世纪的一个时期内，又一度成为俄罗斯政府、英国政府、清朝政府和地方军阀等势力之间热衷争夺的地区。与此同时，欧洲的勤勉的传教士队伍，以瑞典为主的追求梦想的旅行家和学者，还有俄罗斯、印度等世界各地的冒险家和寻宝者来到了这里，在这个古老城市的黄铜色阳光下，各种肤色的面孔浮动在人流中。——这种漫长的，富于活力的活动使喀什得以保持了较为稳定和特殊的文化色彩。

喀什的全名"喀什噶尔"在突厥语中的意思是"悬崖乐园"，这个具有诗的气质的名字反映出这个城市古老的文化中所含有的华丽的想像力、种种危机和冒险，以及虚无感。

今天，喀什已经成为旅行者在新疆最重要的目地之一。

英吉沙小刀

殷 明

真假鉴别

怎样识别名牌英吉沙小刀呢？其一，要看小刀的做工是否精细。凡名牌小刀，一般选用优质弹簧钢板锻打成型，制成粗坯和细坯之后，用各种粗、细、扁、圆的锉刀锉平磨光，然后再行淬火。淬火是艺匠们世袭相传的诀窍技术，一般都互相保密，绝少外传。经老师傅淬火处理过的英吉沙小刀，钢口锋利非凡，用它来削刮铁条，只见铁屑迎刃而起，而刀锋却未见崩口和卷刃。如果你用手指弹动刀体，马上贴耳，可以听到它清脆悦耳的音响，持续半分钟之久。其二，要看小刀的造型。英吉沙小刀的传统造型，为人们所公认者有弯式、直式、箭式、鸽式等 12 个品种，30 多个花色，其中又以民族欣赏习惯的不同，分别有维吾尔、哈萨克、蒙古、汉、藏等民族不同形式。每个花色大约都有大、中、小三个不同规格。维吾尔人所喜爱的是一种刀体上尖后倾、刀柄下端前倾呈 S 形的弯刀，它通常被认为是英吉沙小刀的典型。其三，要看小刀的装饰型刀柄。所有不同造型的小刀的刀柄，均使用各种铜、银、玉、骨、宝石等拼花铆钉，组合成各种晶莹俏丽、两侧对称的图案。最珍贵的当然要算用纯银和宝石镶嵌装饰的刀柄了。

佩带文化

新疆少数民族多是游牧民族，且"尚武"，佩带好刀为显示男子气概的标志。男子佩带一把好刀会引起别人的羡慕。在以前,佩带小刀主要用于生产,现在英吉沙小刀除了实用以外,还成为一种精美的装饰品,拜访亲朋好友,都不失诱人之处。

提起英吉沙,人们往往会联想到它的小刀,路过英吉沙,当然不会错过观赏小刀的良机。因上学、出差、探亲,我曾无数次途经这里,竟养成了迷看小刀的嗜好。至于那些沿丝路旅行的外国游客,他们到了驿站英吉沙,必定要买上几把小刀留作纪念——英吉沙小刀曾在全国民族工艺交易会上荣获旅游纪念品一等奖。有的中国香港客商还慕名专程赶来英吉沙订购小刀。

英吉沙是个边远的小县镇,地处新疆南部最大的城市喀什和最大的县莎车中间。山不在高,有仙则名;水不在深,有龙则灵。英吉沙以它的小刀而蜚声于世。

正如诗人赵力在《剑与花》一诗中所写:来新疆,谁不锻铸一柄锋利,削风雪于笑声之中,斩蟒龙于大漠之上。

英吉沙小刀一般长十一二厘米,最大的达半米以上,最小的仅6厘米左右,小刀家族中的巨人和侏儒只是极少数。它们造型各异,如月牙、如鱼腹、如凤尾、如雄鹰、如红嘴山鸦、如百灵鸟头……还有的难以名状。无论何种式样,做工都非常精细,外观赏心悦目。且不说它的锐利无比,那是许多刀具所共有的。我见过卖刀人的现场表演:吹毛发一触即断,削铁片屑落纷纷。新颖、别致是英吉沙小刀的特色,表现在刀柄上尤为突出。黑黝黝的是兽骨把手,明晃晃的是钢把手,亮晶晶的是银把手,黄灿灿的是铜把手。有些刀柄上面镌刻着绝妙的图案和流畅的花纹,镶嵌的珍珠和人造红绿宝石光彩夺目,就连那零星的点缀也恰到好处,给人以艺术的美感。

关于英吉沙小刀的来历有多种说法,一则是相传古时候,英吉沙土地贫瘠,人民生活困苦不堪,神得知后,决定施泽于此,于是就赐一位能工巧匠打造小刀,以造福后世。此后,英吉沙慢慢富了起来,成为一座新城。英吉沙在维吾尔语中即为"新城"之意。小刀手艺也随之流传下来了。

另一则是古代英吉沙城南小镇卡尔窝西，有一位毕生锻造小刀的匠人名叫买买提，他制作的一种雕刻有红、绿、黑等颜色的木柄小刀，锋利、美观，农家纷纷盘炉仿制，从而世代相传。随后工匠们各出心裁，制作出各种造型的小刀，在刀柄上用黄铜、白银、牛角、贝壳等镶嵌，并雕刻富有民族特色的图案。英吉沙小刀手艺从此兴盛开来。

传说未必与史实相符，不过英吉沙小刀的出现与当地人的生活习俗相关却是毋庸置疑。历史上，中国少数民族大都崇武尚刀，他们多以游牧为主，副食也多是牛羊肉，宰剥牛羊或切割肉块需要相适宜的刀具。维吾尔人喜欢吃大块牛羊肉，尤其爱吃烤全羊。众宾围坐在筵席上，当美味飘香的牛羊肉端上来时，宾客们便纷纷亮出各式各样的刀子。谁的小刀精美漂亮，人们就会投去赞赏的目光。英吉沙小刀最被宠爱最受青睐！维吾尔族家庭主妇拿它当菜刀使，又轻便又灵巧。另外，南疆是著名的瓜果之乡，简直就是造物主的特意安排，英吉沙小刀是削果皮特别是切哈密瓜的最佳用具。惊叹折服于维吾尔人那切瓜的高超技艺，除了熟能生巧外，恐怕得心应手的英吉沙小刀功不可没。

卖刀人都是维吾尔族男子，以青年人居多，也有中年人和老年人，还有十一二岁的小巴郎（男孩）。他们把刀摊在手里，任你挑选，除摆弄、展露外，有的还做切割示范。手上的刀不中意，他们会从衣袋里掏出来，从襟怀里，从袖口里，从靴子里再掏出来，一把又一把，只有天知道，他们身上究竟装了多少小刀！这个才打发走，那个又接踵而至。这里不过是"游击区"，走百十步就到了街上，那才是小刀的"阵地"。在铺地的绒毯和毛毡上，在巨大的木床和架框上，一把把小刀排成各种阵式，呈正方形、呈长方形、呈三角形、呈梯形等，有的刀鞘镶边色彩斑斓。英吉沙的刀鞘也非常精致，越是高级的小刀越要配上华贵的刀鞘。逢到巴扎天，那才热闹呢！公路和街道连成一片，众头攒动，熙来攘往，叫嚷声、刀撞声不绝于耳。在阳光照射下，一排排、一片片小刀闪闪发光、熠熠生辉。左也是刀、右也是刀；前也是刀、后也是刀，如骑士唐·吉诃德面对风车，我似乎去了不少胆怯和懦弱，仿佛变得勇敢和坚强起来。当然，这不过是瞬间的幻觉罢了，但置身于这刀丛世界，确实可以让人领略到独特的西域风情和情趣。

英吉沙究竟有多少人制作小刀，谁也没有具体统计，恐怕也很难准确统计。以前面提到过的小刀发源地芒辛乡栏干村为例，三百多户人中竟有一半以上家庭从事这行当。小刀的整个生产过程都是手工操作，规模最大的县小刀厂亦如此。淳朴的刀匠似乎并不渴求解脱，他们更醉心于自己的手工，就像人们喜爱手拉面胜过机器轧的挂面一样，或许这也正是英吉沙小刀的魅力所在吧！一副小泥炉，一把小铁锤，一支小铁砧，这就是刀匠们的最主要的道具。如果不是亲眼所见，很难相信那无与伦比的小刀就是靠这些原始落后的工具，用漆黑粗糙的双手锻打出来的。绣花帽是维吾尔族女人的专利，英吉沙小刀则是维吾尔族男人的杰作，他们用勤劳和智慧创造了这些人间尤物。用诗人李宏的获奖诗作《英吉沙小刀》为此文作结，是最恰当不过的了——

每个维吾尔男性

都为拥有一把英吉沙小刀而骄傲

英吉沙小刀为刚健的气质而铸造

轻巧，不失稳重的神韵

华丽，不失勤劳的迹痕

刀柄是一座山

刀身就是山撑着的苍穹

英吉沙小刀是力的化身

沙海、戈壁，是刀的铁砧

盐碱、冰凌，是淬火的水源

黄风和土雨是十八磅的锤

锻打出英吉沙小刀的刚毅和灵魂

不去扣问刀为何用

不去抚试刀锋多灵

它为你展现一个民族的秉性

新疆方棋典故

胡 勇

方棋在新疆历经百年之久,是新疆民族体育中的瑰宝,深受各民族喜爱,可以说,天山南北处处有方棋。

新疆方棋,是一种培养智力的民族体育娱乐活动项目,源于宁夏回族,回族俗称"下方",后流入新疆。每当劳动休息期间或茶余饭后,人们便会三三两两蹲在一起下方棋,有时下棋的人多了就摆几摊。方棋方便有趣,没有专门的棋盘和棋子,也不需要裁判,只要找一个平坦干净的地方蹲下,用石子在地面上画上横七竖七的交叉线,便成为 49 个点位的棋盘。甲乙两方使用不同的棋子,如石头、土疙瘩或瓦片、柴棍子等等,下棋以打掉对方棋子来分胜负。下方棋就像下围棋、象棋一样,有时两人对阵下棋,围观参谋、助阵者不少,大家吵吵嚷嚷,非常热闹。

据老人们回忆,在新疆维吾尔自治区成立前就有很多人爱好下方棋。新疆维吾尔自治区成立初期,由于文化生活贫乏,方棋很兴盛,作为一种娱乐方式,在人们的业余生活中得到普及。现居住在乌鲁木齐市双庆巷(原坑坑寺)七十多岁的郝宗章老人就爱下方棋,他下了一辈子方棋。20 世纪 50 年代,他是单位的驾驶员,走南闯北,去过新疆许多地方,在哈密、鄯善、吐鲁番、昌吉、米泉、伊犁等处都看到有人在下方棋。

20 世纪 60 年代,我从和田随父母迁移到乌鲁木齐市青海寺处(现乌鲁木齐市和平南路处)定居,就曾见过许多人下方棋,自己也经常在旁边观看。除此之外,乌鲁木齐市天池路、团结路、三桥、和田街、红山、马市巷、六道湾，当时的南门大转盘林带里，人民剧场台阶上，也到处可以看到人们在下方棋。

方棋在新疆很普及，各民族都参与，而以首府乌鲁木齐最活跃，人数最多，水平最高，其次是：吐鲁番、昌吉、米泉、伊犁、库车。这些年，方棋已传播到阿克苏地区，方棋在全疆已形成规模。

在乌鲁木齐的方棋世界里，二道桥的方棋最有盛名，以它为中心，方圆几千米都是方棋的辐射地带。

新疆方棋，除了回族是主力队员外，维吾尔族更是响当当的主力队员，其人数众多，其次是汉族。

艾沙，维吾尔族，乌鲁木齐人，他 16 岁起就开始下方棋，青年时代就有了一些名气，直至现在，仍是乌鲁木齐民间方棋方面具有影响力的人物。艾沙的成长史，可以说是一部新疆方棋发展的历史，由于水平较高，他带出来一大批优秀棋手，其中不乏当今新疆方棋界的名流高手。

艾沙与中国象棋界名流胡荣华同龄，艾沙青年时代就有方棋方面的天赋。胡荣华能在中国象棋冠军宝座 12 载享有盛誉，而艾沙下了一辈子方棋，付出许多精力，却是默默无闻。假设当时新疆方棋与中国象棋一样，能在国内传播普及，经常有连年大赛，我想艾沙也会夺得方棋冠军名誉，名载史册。然而，这一切都随岁月默默逝去了。

菜独，维吾尔族，40 岁出头，乌鲁木齐人，常与艾沙对阵，技练多年，青出于蓝胜于蓝，也是赫赫有名的民间方棋高手。凡是经常下方棋的，没有人不知道他的。他不仅是方棋高手，还是新疆的国际象棋高手，年年参加自治区比赛，年年都是前几名，2005 年他得了第二名。想当年，吐鲁番地区举行方棋大赛，他专程参加，得了第二名，如熟悉吐鲁番方棋规则的话，很有可能得第一名。吐鲁番的方棋规则与乌鲁木齐的方棋规则有些不同，菜独有些不适应。另外，吐鲁番方棋水平也很高，可与乌鲁木齐方棋水平相媲美。据棋手们介绍，吐鲁番经常举行方棋比赛，奖项是一头牛或一只羊，以资鼓励棋手拼搏。方棋在吐鲁番地区的人们心目中占有很重要地位。

除了上述方棋名人之外，乌鲁木齐维吾尔族方棋高手还有艾山江、艾克拜尔、司马义、阿西木等。今年30岁的艾克拜尔下方棋时，棋风快速、敏捷、干脆利索，常常使对手措手不及，要琢磨好一阵儿。

维吾尔人为什么喜爱下方棋？这和维吾尔族的民族心理素质有很大关系。维吾尔族素来以顽强好胜、好学上进、勤劳智慧而著称，其不服输的个性让他们在方棋天地里拥有了得天独厚的优势。

汉族方棋高手杨光华，今年67岁，被人称为"天下第一方"。1982年，杨光华去鄯善出差，与40多名当地方棋高手鏖战了3天。当时的鄯善县鄯善镇镇长是一个方棋迷，他包下老杨的吃住，在镇上设下了方棋擂台。3天里，老杨没有感到一丝疲倦，也没有一盘棋下乱阵脚，硬是将对手"杀"得大败而归。几十年来，从南疆到北疆，老杨没碰到一个对手，当之无愧成为"常胜将军"。

方棋高手拥有高水平，天赋是他们成才的关键，但多年的练习也非常重要，更离不开社会各界对方棋的支持。乌鲁木齐六道湾的职工俱乐部，多年都以下方棋为主，经常举行单位内部职工方棋比赛，对前几名进行奖励；原新疆十月拖拉机厂的职工下方棋也很活跃；乌市陶瓷厂的职工活动室里，很多退休职工自备方棋盘、方子，天天下方棋娱乐……

由于历史和社会等多种原因，方棋一直未被纳入新疆体坛，众多方棋爱好者一直在关心和关注着新疆方棋的发展。20世纪80年代，乌市文化宫举行新疆方棋比赛，当时就有人提议将新疆方棋纳入体育项目。每次新疆民运会一开幕，方棋爱好者们就会感叹，为什么不将新疆方棋纳入民运会比赛项目里，新疆方棋可是个大项目呀！对方棋颇有研究的牛长青的话代表了方棋爱好者的心声：在民运会上，连掰手腕都是体育项目，那为什么不把新疆方棋搬进体育项目里？它深深表达了民众对方棋进入体坛的一种倾诉和企盼。

现在，有许多人在研究方棋，并撰稿写书，对方棋的历史和文化进行宣传。典型的一例就是牛长青写的《戏说方棋》。在这本书里,方棋内容丰富多彩,耐人寻味,非常有特色。如果没有对方棋的特殊爱好,没有对方棋进行专门研究,没有对方棋历史进行认真的探寻,是不可能写出这本书的。

乌市体育局群体处安维民说,新市区的徐向东老人现在已经上岁数了,但从 20 世纪 80 年代就开始搜集有关新疆方棋的资料,准备出书宣传新疆方棋。本人也欲写一本《新疆方棋》,现在底稿已完成,正在筹备出版事宜。我写书的目的有二,其一,为新疆方棋进行宣传;其二,助力体育部门将新疆方棋这一民间体育项目纳入中国体坛,将新疆方棋这一历史悠久的体育项目发扬光大。

慕士塔格峰的鹰笛之声

楼望皓

听过塔吉克族的歌曲《花儿为什么这样红》的人，都会觉得这首歌十分动听。但是，你到这首歌的发源地——塔什库尔干塔吉克自治县听听那里的鹰笛之声，更会让你激动不已。

这里群山耸峙，景色迷人。一路上，我们不时看到在蔚蓝色的天空上三五成群的雄鹰在翱翔，有时还发出欢快的鸣叫声。陪我去瓦恰乡采风的县文体局书记艾布力是塔吉克族。他指着天上的雄鹰告诉我，这里的高原是鹰聚集的地方，塔吉克人天天和它们见面。我问："你们喜欢鹰吗？"还未等我把话说完，他抢先回答道："那不是喜欢，而是崇拜！"接着，他又告诉我，塔吉克人认为鹰是善良的吉祥的动物，是百鸟的统帅，是忠诚、恩爱、豪爽和勇敢的象征。塔吉克人把那些胸襟宽广、诚实和蔼、善良正直、助人为乐的人比作鹰，还把英雄也比作鹰。他们崇拜鹰，是鹰的传人。

传说过去塔吉克族生活的地方，有个恶霸牧主叫萨比尔。他逼死了牧羊人瓦法的父亲，接着又要逼死瓦法时，猎鹰飞到瓦法跟前，要求瓦法杀死它，用它的翅骨做成笛子，呼唤鹰来拯救他。瓦法无奈含泪杀死了猎鹰。当他吹响用猎鹰翅骨做成的笛子时，天南海北的鹰都飞来了，把那恶霸啄得死去活来，跪下向瓦法求饶，并答应把财产分给穷人。猎鹰不仅救了瓦法，还为大家争得了财产。

关于塔吉克族的鹰笛，汉朝以来的史书和音乐志中都有记载。新疆维吾尔自治区博物馆藏有一支从巴楚县托库孜沙拉古墓中发掘出的鹰笛,和塔吉克族的鹰笛完全一样,也许是墓主从朅盘陀(今塔什库尔干塔吉克自治县)带去的纪念品或是赠品,距今已有一千多年的历史。塔吉克族的鹰笛是用鹰的翅骨做成的,只有三孔,也称"三孔骨笛",塔吉克语称"斯特洪诺侬"。"斯特洪"意为"骨","诺侬"意为"笛"。笛长25~26厘米。整个鹰笛稍有弯曲,吹的一头直径稍大,有1.5厘米左右,有孔的一头直径较小,有1厘米左右。它是塔吉克民族独有的一种吹奏乐器。

在瓦恰乡二村,我们见到了一位名叫坎杜克·司马义的塔吉克族老人。今年65岁的他过去是远近闻名的鹰笛手。我们问起了有关鹰笛的事,他便滔滔不绝地给我们讲了起来。

关于鹰笛,老人真是一本活的"百科全书"。他从鹰笛的制作到鹰笛的各种曲调,样样都很精通。他告诉我们,鹰有大小和老少之分,所以鹰笛的长短和粗细不一样;同一个鹰的翅膀上取下的翅骨,做成的鹰笛才能达到完全一致的要求,这对鹰笛才能一起演奏。一对音质完全一样的鹰笛,若其中的一支丢失或是损坏了,那么,另一支鹰笛将无法与其他鹰笛合奏,只能用来独奏。制作鹰笛主要凭经验:从鹰翅膀上取下的两根骨头,根据部位截成25~26厘米长。两根翅骨要截成一样长,然后在碱土里埋7~10天,使翅骨中的骨髓和骨完全分离。在翅骨上凿孔,不用尺子计算,全靠一双手。翅骨的小头到凿第一个孔的距离是一个竖着大拇指的宽度,约2厘米,每个孔间的距离也都是一个竖着大拇指的长度。3个孔的位置确定之后,再开始凿孔。凿孔时要从小到大,不断地吹,不断地试,不停地凿,根据音量大小不断进行调整。第一支鹰笛做好后,紧接着做第二支。第二支鹰笛比第一支鹰笛更难做。它不仅要求在外形上要和第一支一致,而且在音质上也要求完全一样。做鹰笛的工具比较简单,主要是一把小刀。凿孔、刻花、刮薄,这些活全凭经验和娴熟的技术。鹰笛做好后,并不马上使用,而是放在房梁上让烟熏上十天半月,让其由原来的乳白色变成浅古铜色。这样做不仅鹰笛外表好看,而且鹰笛永不会有异味、变质。

老人的精彩介绍我们都听入迷了。我们迫不及待地想让老人用鹰笛吹奏一曲。老人问我们想听什么曲子,这一下可把我们问住了。老人笑了笑说:"不要着急。"接着,他又开始给我们介绍起鹰笛的曲调。他说,鹰笛的曲调有固定的曲目,内容也很丰富,如在婚礼和喜庆的时候吹"恰普苏孜"、"泰温"、"吉格伦"、"黑吾力"、"巴拿纳马克"、"热布让克"等曲调,在叼羊时吹"腾巴克苏孜"、"瓦拉瓦拉科克"等曲调。说到这里,老人又讲了一个插曲。他说,我们塔吉克人的马都听熟了这些曲调,在叼羊时,只要用鹰笛吹出"腾巴克苏孜"等曲子,骑手的乘马就很兴奋,马蹄不停地移动,急得就要往前冲,勒也勒不住。

塔吉克人说,鹰飞翔时是用两个翅膀,吹鹰笛时也要用它的两个翅膀做成的鹰笛来吹。所以,吹奏鹰笛时都是两个人,并由两名妇女敲一个手鼓伴奏。这种手鼓比一般的手鼓要大得多,鼓的声音也很洪亮。鹰笛的曲调可分为八分之五拍、八分之六拍和八分之七拍,音调多为半音。两人合奏时吹出一个整音,难度较大,用鱼咬尾式的吹奏法来演奏,都以 C 调为主。鹰笛虽然只有 3 孔,但可吹出 7 个音节,这显得十分神奇。老人介绍说。

这时,旁边的一位塔吉克族老人"揭发"了他的一段秘密。他说:"他(指坎杜克·司马义老人)的'英特'(塔吉克语,妻子)就是靠鹰笛'勾'上的。他的鹰笛吹得棒极了,把死的东西可以吹活,年轻时吸引了不少漂亮的姑娘。"这番话使坎杜克·司马义老人有些尴尬,脸有些红了,但他又骄傲地点了点头。他说:"老婆佳丽克就是听了我的笛声看上我的。有一次我在山上放羊,很孤单,就想起了佳丽克。那时我们还没有结婚,正在热恋中,于是我就吹起了'法拉克'曲调,吹了一遍又一遍,真是把什么都忘到九霄云外了,结果把羊也给吹忘了。谁知,一只饿狼不知什么时候闯进了我的羊群里,叼走了一只羊,直到羊群咩咩地大叫时我才发现。后来,挨了父亲的一顿骂……"精彩的故事讲到这儿,我们都笑了,但故事并没有讲完,坎杜克·司马义老人继续说:"儿子霍尼克·坎杜克,今年四十多岁了,也是一名远近闻名的鹰笛手。他在谈恋爱时常吹'法拉克'曲调。他的妻子碧娅彤就是迷上他的鹰笛声才嫁给他的。不过,他的羊放得比我好,从来没有让狼叼走过。"两代人靠鹰笛找到情人的故事,使我们感到了塔吉克人生活中独有的传奇色彩。

塔吉克族是中国人口较少的民族,居住在帕米尔高原。鹰笛这种古老的吹奏乐器及其演奏方式,在新疆已不多见。研究和保留反映塔吉克民族文化的鹰笛及其曲目,对研究塔吉克民族的历史渊源和塔吉克族的文化,有着十分重要的作用和价值。

寻找马头琴艺人

李桥江

　　长期以来，我一直有一个心愿——在草原上感受一番马头琴的旋律，从马头琴古朴、苍凉、忧伤的旋律中体验草原民族的欢乐或忧伤。我记得有位音乐家曾经说过，音乐是相通的，好的音乐可以直达人的灵魂。对于蒙古族来说，马头琴无疑是最富特色的民族器乐。

　　2005 年 6 月 28 日，我到和布克赛尔蒙古自治县采访，把自己的想法告诉了有关人士，希望在草原上找到一位民间马头琴艺人。

　　结果很快有了。据说，该县查干库勒乡一个名叫阿拉幸的 52 岁牧民拉得一手好琴。次日一早，在查干库勒乡党委副书记袁炜的陪同下，我们驱车来到阿拉幸家。

　　事不凑巧，前一天阿拉幸出远门了，家里的马头琴被女儿一星期前借给了同学，女儿进城探亲去了。阿拉幸的妻子说，阿拉幸只会拉简单的马头琴曲，并不像传说中的那样神奇。无奈中，我们只好返回乡上另寻他人。

　　袁炜很快又打听到一个名叫乌木尔扎克的牧民可能会拉马头琴。不过，乌木尔扎克却远在赛尔山前区的夏牧场，乡上只知道他的大致方位。袁炜是个精通蒙汉两种语言的热心人，他略一想，便很有把握地说，没关系，一定能找到。

　　我们在阴雨绵绵的赛尔草原上停停走走，不时下车问路，3 个小时后我们来到乌木尔扎克的蒙古包。遗憾的是，乌木尔扎克并不会拉马头琴。他还说了一句此前袁炜说过的话，马头琴在赛尔草原民间几乎快要失传了。

我们只好失望地返回和布克赛尔县城。

我们在草原上寻找马头琴艺人的同时，县委宣传部的同志也在努力，民间艺人虽然没找到，但他们联系好了一位受过专业培训的高手——县文工队的乌图那生。

今年35岁的乌图那生从小喜欢音乐，1993年，父亲把他送到内蒙古接受了专业马头琴演奏学习。在音乐方面天资聪慧的乌图那生很快学成归来，如今在新疆马头琴演奏领域已经是较有名气的职业演员之一了。

乌图那生说，赛尔草原，甚至整个新疆，马头琴都有失传的危险。他现在正做着马头琴的普及教学工作，期望通过自己的努力，让这种民族器乐在赛尔草原上奏出新乐章。

乌图那生在内蒙古学琴时，听到过好几种有关马头琴来历的传说。乌图那生给我讲了他觉得可信的一个传说：相传，很久以前有位蒙古族牧民有一匹很好的坐骑，后来，马突然死了，牧人非常伤心。伤痛中，他找来一块木料刻成坐骑生前头像的模样，然后，用坐骑的尾巴做琴弦，马鬃做弓弦，于是，草原上就有了马头琴。

在我的记忆里，马头琴的旋律总是给人以凄凉忧伤之感。乌图那生或许猜透了我的心思，连续为我拉了几支曲子。随着音乐的旋律，古朴苍凉的曲调将我带到了那个遥远的让人神伤的草原。

乌图那生拉完电视连续剧《成吉思汗》中的主题曲后，沉默了片刻，似乎是在调整自己的心态。紧接着，一种出人意料的雄浑壮丽甚至是撼人心魄的旋律，迅速把我带到一个洋溢着激情和热血的世界。我惊诧地望着乌图那生和他手中的琴，一点也没有想到"凄凉"的马头琴竟能演奏出这样的音乐。当乌图那生告诉我，他拉的就是马头琴名曲《万马奔腾》时，我突然对以往的马头琴曲有了新的认识。实际上，马头琴的音乐就像游牧生活的不确定性一样，即使在最伤感的曲子里，也蕴涵着草原民族纵横驰骋、自由豪放的气韵。

我注意到马头琴的演奏，其指法明显不同于其他弦类器乐。乌图那生说，马头琴的指法不是向下压琴弦，而是从侧面推。

乌图那生说，马头琴演奏对场地要求很高，在音乐厅和草原上的效果各有其妙。在草原上拉琴时，乌图那生很快就能进入角色——他常常拉得泪流满面自己却浑然不知。他对自己在草原上拉琴时所表现出的这种状态的解释是——马头琴在蒙古族群众中是神圣的，它的旋律流动着草原民族的魂灵。

乌图那生在教学生的同时，对年幼的女儿也寄予了厚望。他计划将女儿培养成未来赛尔草原上最好的马头琴手。

走进中国第一家丝绸之路博物馆

张迎春

6月29日,一批又一批的专家学者和各族群众朝着乌鲁木齐市二道桥国际大巴扎方向蜂拥而去,中国第一个展示丝绸之路的博物馆——新疆丝绸之路博物馆这天开馆了。当人们走进这个博物馆时都惊呆了!一个民营博物馆,能以独特的视角将丝绸之路文化表现得如此丰富多彩,真是了不起。

是的,历史上丝绸之路在新疆留下了大量的珍贵遗存,内容相当丰富,没有几个人能像新疆海朋集团董事长吐尔逊·托乎提那样有远见目光,投入巨额资金来整合这个巨大的文化资源,全国也没有一家博物馆能将丝绸之路的历史风貌和数千年来不同民族繁衍发展的生活场景展示出来。这一切精华现在都聚集在了新疆丝绸之路博物馆里,难怪中国著名《红楼梦》研究学家冯其庸高度评价说:这是一项空前的创举,是全国乃至世界独一无二的举措,这个历史的缺项终于得到了填补。

随着如潮的人流拾级而上,一幅大型的灰色浮雕石墙映入了记者的眼帘。一群群生活在丝绸之路上的各族群众仰天高唱,载歌载舞,欢欣鼓舞地歌颂着唐朝时期西域的繁荣昌盛,所有刚走进馆门的人,一下子都被整个浮雕墙磅礴的气势和宏大的场面震惊了。旁边放着一架清代仿制的木马车,据说公元前200年,汉朝公主为了缓解中原王朝的政治紧张局面和汉朝发展,远嫁匈奴和西域,走到甘肃省武威县时留下了一辆木马车。这辆有些破损的仿制车上仿佛就记载了汉朝公主当年经历的种种酸楚和苦难。一边听女讲解员讲着这段动人的往事，笔者的脚步一边开始慢慢踏入了一个个丝绸之路文化交流的生活场景。

失落在丝绸之路上的古代文明碎片，先是透过马、骆驼、牛这些丝绸之路上的重要工具让我们看得最清楚。从古墓葬中发现的彩绘木制的西域良马、乌孙马、大宛马，样子一个个粗壮剽悍，让你感到很新奇。再仔细欣赏绘制在骆驼、牛和马镫、马鞍、马车上的精美图案，你仿佛听到了骏马驰骋西域疆场的嘶鸣声，看到了丝绸古道上悠悠的骆驼长队，商人们坐在马车上长途跋涉将汉文化一点点带进了新疆，东西方文化当年就通过这些交通工具相互交流和传递着。

紧接着，笔者被一个精彩的陶器世界所吸引。静静地摆放在橱窗里大量的人头陶罐和制陶青铜小器件，仍保留着新石器时代晚期家窑文化的浓厚气息，汉代出土的各式各样陶器的表面和图纹都比较光洁鲜亮。从一件件陶器的材质、色彩、图案和形状的变化，都能看出新疆的制陶工艺最先是从内地通过丝绸之路传进来的。丝绸之路的文明就这样一代又一代在进步着。

一件唐代朱雀图案的锦袍摆放在遗珍馆最显眼的地方。据说，现在全国保留下来的唐代的丝绸衣物绝大部分都是破损碎片，完整的锦袍几乎是见不到的，这件从西域民间征集来的锦袍，可真是稀世的珍贵文物。

一张张汉代时期的彩绘木板在全国更难找到，上面描绘着当时生活在西域的老百姓农耕、收获、放牧、采桑、纺织和采盐的生活场景。那些神态各异的各种怪鸟、老虎、独角兽、吉祥鸟和天鹅等动物，记录着从东汉到魏晋年间，人们的崇拜、信仰和理念。笔者走到一座河西走廊古代生活砖木画前停住了，感觉它非常独特。庭院设计很完整，庭院里的人物有的采桑，有的放风筝，有的吹号，一个个表情安逸，动作栩栩如生。一个女俑怀抱着巨大的男性生殖器，一副"升天享乐"的神态，她正待出嫁，去完成她一生的宿愿。看得出，当时荒凉无人的河西走廊因丝绸文化的传递才有了生活气息。新疆中外文化研究中心秘书长、经济学者池宝嘉对记者说，这些彩绘木板和画像砖都是博物馆的工作人员从甘肃、青海一带，花了大量的资金从民间散落的地方好不容易收集起来的，现在全国其他博物馆还没有发现有此物。

接下来，透过一件件珍贵的马鞍、石龟、百兽图、铜壶等珍贵物品，笔者有些激动地看到了多个民族共同维护丝绸之路的足迹。

"瞧，这对将军夫妇木俑是不是和真人大小一样？"池宝嘉兴致勃勃地说着，所有在场的人都睁大了眼。据说，西辽时期，一支契丹族军队在征战中打了败仗，一对勇敢的将军夫妇战死在沙场。当时天气很炎热，残余的士兵们无法将这对将军夫妇的尸体运回家乡，只好就地掩埋了。后来，唐朝政府为他们举行了隆重的葬礼，专门刻制了一对木俑，并配上了只有皇室才能享受的纯金面具，以祭奠这对勇敢的将军夫妇。池宝嘉说，这种规格的契丹族木俑目前世界还没有。还有一对金灿灿的王侯金盔，是当年契丹族皇家人用过的。据新疆考古学家们初步考证，目前这对金盔是全国独一无二的，可谓价值连城。

草原文化是丝绸之路上的一颗璀璨的明珠。一座立体的大型康家石门子浮雕岩画上，一群被仿制的男男女女，站在茂盛的草地上，全身赤裸地围在一起欢笑起舞着，古代人生殖崇拜的情景十分生动。20世纪80年代，新疆著名考古学家、新疆文物考古所研究员、教授王炳华经过大量的考察和分析，在新疆第一个发现并揭开了康家石门子生殖崇拜岩画的秘密后，这个世界独一无二并具有重大科研价值的大型生殖崇拜岩画很快引起了世界大批学者的高度关注。现在，康家石门子生殖崇拜岩画被重新仿制并搬进了展馆，让所有人对草原文化艺术了解得更真切了。

最后，记者一边继续仔细欣赏着一件件马镫、驯鹰工具、桑皮纸、石灯、卡盆子、草叉等具有各民族特色的民俗用品，一边深有感悟：馆里处处都显示着多民族共同维护丝绸之路的足迹。新疆有如此深厚的文化资源，我们完全有理由多办几个这样的博物馆。

走进中国民族乐器村

红 柳

在中亚西亚国家,上百年来,有数以万计的群众顶礼膜拜维吾尔族民间流浪艺人塔西瓦依。塔西瓦依用他那粗犷豪放的歌声,悦耳动听的热瓦甫琴声,征服了人们的心灵。

维吾尔族是一个能歌善舞的民族。无论他们走遍天涯海角,歌声舞姿都会长久地与他们相伴,诉说他们对生活的无比热爱,寄托他们对未来的无限希望。

走过千山万水,越过大漠戈壁,最难忘记的就是魂牵梦萦的故乡。19世纪末叶,塔西瓦依出生在有"乐器之乡"美誉的新疆南部古丝路重镇——疏附县吾库萨克乡。从小耳濡目染器乐的芳香,塔西瓦依终身怀抱一把浸润着故乡气息的热瓦甫行走天涯,敞开了"乐器之乡"走向世界的大门。历久弥新,如今,在新疆维吾尔自治区各文艺团体,甚至中央民族乐团,您很容易就会发现一把产自疏附县吾库萨克乡的民族乐器。

蜚声世界的乐器王国

来过中国新疆民族乐器村的许多中外朋友,面对仿佛是安徒生童话世界里呈现出的琳琅满目的乐器,总会忍不住感慨地说,这里简直就是一个令人留恋的乐器王国。要说,这个评价可是一点也不夸张的。

吾库萨克乡制作经典民族乐器的历史可以追溯到19世纪中叶。当时,外出学艺归来的维吾尔族青年艾沙·依不拉音毅然在自己的家里办起了乐器加工作坊,当地乐器制作业从此一天天兴盛起来。经过将近两个世纪的精雕细琢,吾库萨克乡乐器艺人的制作技艺一步步达到炉火纯青,名声远播海内外。

20世纪末,疏附县委、政府确定弘扬民族文化,拉动经济发展的思路,以吾库萨克乡民族乐器制作为基础,拉伸特色产业链,带动旅游业,进而促进当地经济的快步发展。当地政府投入专项资金,在吾库萨克乡托万克吾库萨克村建立中国新疆民族乐器村,引导民间艺人成立乐器制作协会和乐器研究会,按照农户+协会的模式,实现了民族乐器农户自主式生产,规模化经营。

在民族乐器村的带动下,仅仅只有不足300户的托万克吾库萨克村,就有500余人常年从事乐器制作。生产的民族乐器有27大类、50多个品种,完全的手工制作,几乎涵盖了维吾尔民族乐器的所有种类。同时,创新设计生产的塔吉克、柯尔克孜等民族的传统乐器,也深受国内外市场的欢迎。

乐器村的建成,彻底打破了当地长期以来形成的制作技艺子承父业、家族代代相传的小农作坊式零星生产模式。乡中学在村里办起了乐器制作实习基地,村里十几名能工巧匠破除艺不外传的传统思想的禁锢,手把手地传授技艺,越来越多的农家子弟在学习文化知识的同时,掌握了乐器制作技术,促进了当地乐器制作规模迅速扩大。

慕名来民族乐器村拜师的青年人一拨接着一拨。年轻人学会了制作技艺,也在乐器上注入了超出传统理念的元素,有的乐器上被安装了音乐盒,电源一接通,就会不弹自唱;有的乐器上还被装饰上活灵活现的花鸟图案。老艺人们看到这些改头换面的乐器,纷纷嘀咕,老祖宗从来都没有这么做过呀!每当这时,年轻人就会假装生气地噘起嘴巴说,都什么时代了,只要拿到市场上好卖,并没有改变旋律嘛。的确,随着当地民俗风情旅游的兴盛赋予创新意念的民族乐器,作为收藏纪念品,真的越来越受到游客的欢迎了。

"首席制作艺人"热合曼·阿不都拉

在中国新疆民族乐器村,有 3 件被称作镇村之宝的巨型民族乐器:全长 6 米、直径 0.75 米的萨它尔,全长 4.97 米、直径 0.75 米的都它尔,全长 3.75 米、直径 0.44 米的热瓦甫。其中,做工最为精致,曾经有人开出 20 万元高价想要购买的热瓦甫,出自乐器世家第三代传人热合曼·阿不都拉之手。被称为乐器村"首席制作艺人"的热合曼·阿不都拉,谈起乐器制作,眉飞色舞。他说,一件完美的乐器,从开始选材就要严格把关。琴身要选纹理细密、没有裂痕的多年生桃木,琴颈要用树龄不少于 80 年的桑木,外表装饰物考究的要用牦牛犄角、骆驼骨。这些都是制作名贵乐器必需的原材料。制作乐器,下料、粘合、成型、镶嵌等一系列繁杂的工序一道也马虎不得。民族乐器讲究的是自然色泽,制作完毕后,在琴身表面只需要轻轻涂上一层清漆,一件件古朴、典雅的乐器,就可以光鲜亮丽地呈现在世人的面前了。

最令热合曼·阿不都拉老人自豪的是,他从 12 岁就开始跟着父亲学习制作乐器,工艺最好的一把热瓦甫被哈萨克斯坦一个皇家演出团以 15000 元人民币高价购买。中国新疆民族乐器村刚刚组建时,他就和老艺人玉买尔·艾合买提相约,组织 40 余名弟子,整整用了将近 90 天的时间,制作出目前世界上最大的 3 件乐器。现在,这 3 把琴正在申报吉尼斯世界纪录。每到旅游旺季,前往参观拍照的国内外游客络绎不绝。

我曾经有幸亲眼目睹热合曼·阿不都拉老人用巨型热瓦甫弹奏维吾尔族经典音乐《十二木卡姆》的精彩表演。可能是由于琴真的是太大,老人不得不叫来乡中学两个教音乐的老师当助手,一个人抚琴固定,一个人按动琴弦。热合曼·阿不都拉则一边弹琴,一边激情地吟唱。看到老人尽情弹唱的陶醉神情,我不由得联想起高山流水觅知音的千古美谈。

神奇的小鼓手

就算是从来没有到过新疆的人,或许也会听说这么一句话:维吾尔人会说话就会唱歌，会走路就会跳舞。这句话在小鼓手沙达姆身上得到了最完美的演绎。

维吾尔族小男孩沙达姆的父亲胡吉阿洪是中国新疆民族乐器村土生土长的农民，也是当地远近闻名的民间艺人。不知道是遗传，还是后天的熏陶，或许是二者兼而有之，小沙达姆从两岁的时候，就着了迷一样地跟着被乡亲们请去演出的父亲，静静地观看父亲演出。5岁那年过生日，他的惟一要求就是一个手鼓。

沙达姆一拿起父亲精心为他挑选的手鼓，奇迹就出现了。丝毫也没有受到过专门乐理教育，压根儿就不知道乐谱是什么东西的沙达姆，居然能够和着父亲们的音乐，打出或激扬、或哀婉、或兴奋的鼓点。鼓声的流畅娴熟就像久经赛场的老演员，加上他还带着童贞童稚却随着音乐赋予变化的可爱表情，令欣赏的人们都不由得拍手叫绝。从那时起，小男孩沙达姆就成了中国民族乐器村民间乐队的编外演员。

2003年，香港成功集团董事长跟随百家企业南疆行代表团来到中国新疆民族乐器村，饶有兴趣地欣赏沙达姆的精彩演出后，忍不住竖起了大拇指，夸奖他是"音乐神童"。得知沙达姆在学校也是品学兼优的好学生时，当即勉励他好好学习，将来一定为他提供上大学的费用。

当然，最令沙达姆难忘和高兴的事情，就是自己曾经接受北京的叔叔、阿姨们的采访，上过中央电视台的节目，打手鼓的照片还被大大地印在《世界画报》上。

中国新疆民族乐器村位于横穿疏附县吾库萨克乡的314国道旁。每每游人经过，远远地就可以听到悦耳的琴声。走进民族乐器村，不管你是欣赏民族乐器制作的精巧工艺，还是带着雅兴购买乐器使用或者收藏，都会得到甜美的音乐礼遇。当你恋恋不舍地离开民族乐器村时，悠扬的琴声会一直为你送行，带给你一路的好心情。

维吾尔柔巴依

沈 苇

维吾尔柔巴依诞生于怎样一个历史、地理和文化的背景中的呢？

我一直认为，丝绸之路是由人类梦想开辟出来的一条伟大的通道。由于丝绸之路这一纽带，亚洲腹地的新疆成为多元文明融汇的地方，成为东西方对话的前沿和窗口。历史学家认为，新疆是地球上惟一的四大文明融汇的地区，即华夏文明、印度文明、波斯－阿拉伯文明、希腊－罗马文明。再加之中亚或者说西域在历史上一直是各民族、各色人种的角逐之地，各种的文明随着族群、骑手、驼队的出现相继登场，风一样拂过草原、沙漠和绿洲，又谜一样地消失，使这个地区的文明变得异常丰富、复杂和深邃。它是一种文明的荟萃，文明的渗透融合，是一个文明的博览中心。

新疆的文明传统虽然复杂，缺少头绪，难于清晰地一一道来，但有一个特征是显而易见的，那就是，除去地理和政治上与中原的依存关系，新疆在历史上一直保存着一种"向西开放"的胸襟和姿态，它能吸纳融入的东西比我们想象得要多得多。这使我们通常所说的中亚传统变得宽泛和广博。在诗歌传统方面，也莫不如此。波斯诗歌和阿拉伯诗歌的影响更是显而易见。

沙漠是海。新疆沙漠就是一个海纳百川的地方。这是一个重要的瀚海，给予人们包容性的目光以及对多种历史回音的耐心倾听。多民族的共居，闪烁的面影，宗教氛围，现实主义歌舞，斑斓的图案……这些，构成了活着的传统，醒着的传统。在新疆的现在时和过去时中，你常常能感受到浓郁的印度味道，阿拉伯味道，波斯味道，乃至希腊味道。20世纪初，斯坦因博士在南疆的米兰古城中发现了犍陀罗风格的有翼天使壁画，这宣告了希腊传统曾在塔里木盆地的存在。在雅典奥运会的闭幕演出中，我惊讶地听到了类似新疆《十二木卡姆》的音乐，以及维吾尔纳格拉鼓的节奏。这使我浮想联翩：如果大地是一个胸腔，它原本是无国界的，而鼓声，正是来自这个胸腔的共同的心跳……

《突厥语词典》被誉为11世纪中亚社会的百科全书，保存在这部词典里的四行诗是迄今为止我们见到的最早的接近柔巴依的维吾尔诗歌样式。马赫穆德·喀什噶里在引言中写道："我走遍了突厥人的所有村庄和草原。突厥人、土库曼人、乌古斯人、处月人、样磨人和黠戛斯人的韵语完全铭记在我心中……在进行了长期的研究和探索后，我用最优雅的形式和最明确的语言写成此书。"《突厥语词典》是一部精心编撰的语言学巨著，为研究喀喇汗王朝历史和当时突厥人生活提供了重要的资料。它收录词条7500多条，涉及天文、历史、地理、数学、医药、饮食、服饰、器用、鸟兽、植物、金石等诸多方面。它的另一个重要价值是，它还是一部珍贵的中古时期突厥语文选。"我将此书用名言、韵文、寓言、诗歌、英雄史诗和散文片断加以修饰，并按字母顺序专门列出。"词典中收录诗歌277首，谚语216条。"

《突厥语词典》中的诗歌分四行诗和两行诗两大类。四行诗占到三分之二，成为词典中诗歌的主要形式。四行诗的每一行由7、8或11个音节组成，说明这种诗歌样式在11世纪和11世纪之前的维吾尔等西域民族中已相当成熟了。这些四行诗，不再局限于"美酒佳人"的波斯模式，题材更广泛，出现了自然、四季、战争、节日、狩猎、待客之道、悼念英雄等丰富的内容。与波斯柔巴依相比，这是不小的突破。如下面一首"准柔巴依"，生动展现了战斗中骏马奔驰的情景，读来如身临其境，恍若眼前——

　　看那走马迎风驰骋，

　　火星子紧随着蹄声，

　　猛可飕飕飘过耳门，

　　一路枯草呼呼燃烧。

　　马赫穆德·喀什噶里说："道德之首乃是语言。"他把语言比作玉石，谁的身边有玉石，闪电就不会击中他。在收录诗歌时，是以"最优雅的形式和最明确的语言"为选择标准的。马赫穆德·喀什噶里不是四行诗的创作者，却是出色的采集者——采集诗歌之珠、语言之玉。毫无疑问，他的工作可以与孔子对《诗经》的杰出贡献相媲美。

　　1070 年，玉素甫·哈斯·哈吉甫在喀什完成长诗《福乐智慧》。这是维吾尔历史上第一部文人创作的长诗（长达 13290 行），也是用回鹘文（古突厥文）完成的第一部大型作品。在双行诗体中夹杂并出现了近百首四行体诗。"在《福乐智慧》中作者还掺有被称为'柔巴依'的四行诗。这种诗体在鲁达基之后经许多代人的共同努力才逐步定型。因此，《福乐智慧》中的四行诗，就其未被作者冠以'柔巴依'的诗体名称而加以区别这一点来看，认定它们是柔巴依早期的代表作品是合乎逻辑的。这样，《福乐智慧》就为维吾尔族柔巴依传统的确立，奠定了一个坚实的基础。"（《福乐智慧·译者序》，民族出版社 1986 年版）在新版《福乐智慧》中，译者不再称这些四行诗是柔巴依。也许按严格的波斯格律来说，它们离柔巴依还有一定的距离，但我们无疑从中可以看到早期柔巴依的雏形。

　　《福乐智慧》直译的意思是"赋予（人）幸福的知识"。它主要讨论的是"知识"与"智慧"，有着浓郁的劝喻和教诲色彩，并涉及正义、理想、忠诚、英明、勇敢、谦虚、死亡、醒悟、祈祷、感恩、善与恶、爱与恨、容貌与品行、财富与负担等主题。书中充满了精辟的哲理和机智的辩证观，如："幸运偶尔和无知者相伴／它却在智者中扎下根。""有了知识，福乐和你长随／卑微者也能飞上蓝天。""即令你头顶蓝天，摘到星星／你的双脚仍然离不开大地。""幸运者啊,死亡是你的苦痛／受苦人啊,死亡是你的幸运。"

维吾尔古典诗歌十分重视格律和音韵,适宜吟诵和歌唱,诗中"歌"的成分很明显,对柔巴依的音律要求尤为严谨。有"第二大师"之称(亚里斯多德被誉为"第一大师")的艾卜·奈斯尔·法拉比对维吾尔诗歌的韵律、韵脚和语言进行过认真系统的研究,著有《学科分类》、《论道德城居民主观点》等论著。他还是个音乐家,著有《音乐大全》一书。据说他擅长弹琵琶,能使人破涕为笑,或催人入眠。法拉比说:"规律中的根本是韵律问题,它是诗歌艺术达到高境界的必备条件。""没有用同一种语调的韵律组织起来的诗不能称之为诗,只是富于诗意的议论而已。"他尖锐地指出:"诗人在诗歌领域的一种倒退是:他们已误入叫嚷的道路。"

除了理论,法拉比同样注重诗歌实践。他写过这样一首柔巴依——

我哪有心思打扮自己的生活,

花样年华随箭离弦飞向天涯。

当幸运开始,不幸又接踵而至,

天地无言,催我们快快回老家。

法拉比于 9 世纪初确立的韵律原则,在后世维吾尔诗人的创作中得到了充分体现。从喀喇汗王朝到察合台汗国,从叶尔羌汗国与和卓时代直到近代,一部维吾尔文学史基本上是一部诗歌史。而柔巴依如同一条金色丝线,贯穿了文学史的始终——它是维吾尔诗歌中生机勃勃、焕发奇光异彩的一条特殊的血脉。许多诗人的柔巴依诗作随手稿和抄写本散失了,但留下来的仍数量可观。在《维吾尔文学史》一书中我做了一个大概的统计:《突厥语词典》和《福乐智慧》中的"准柔巴依",阿合买提·亚萨维《真理的入门》的正文部分,鲁提菲 18 首,拉失德 2 首(见于米儿咱·马黑麻·海答儿的《拉失德史》),翟黎里 26 首,古穆纳木 24 首,诺毕提 31 首……这个统计仍是很不完备的,我们期待着从维吾尔柔巴依的海洋中采撷更多的浪花和珍宝。

与波斯柔巴依华丽缜密的宫廷特征相比，维吾尔柔巴依有一种扑面而来的清新质朴的旷野气息。它更天然，更率性，但又不丧失必要的优雅与古朴。维吾尔诗人游走在经院与民间、书斋与旷野之间，善于倾听民间的声音，向民歌学习，汲取其中的精华。15世纪的鲁提菲，称自己为"巡游诗人"，他说："要听听农夫的规劝，他们给世界很多宝石。"这是许多诗人的共同态度。与此同时，柔巴依进入了民歌，进入了民间木卡姆，从而得到了广为传唱和传播。这是一个十分有趣的现象：维吾尔诗人集"学院派"和"民间派"为一身，对于他们来说，中亚大地，新疆的草原、绿洲、沙漠，既是他们的"民间"，也是他们的"学院"。

爱情仍是柔巴依中经久不衰的主题，诗人们献给心中佳丽的诗篇可以车载斗量，美人的樱唇是力量的源泉，在她容光的照耀下，黑夜也能变成白昼……诗人们不停地诉说、表白，常常把自己搞得痛苦不堪。史学和理论著作中镶嵌着柔巴依（如《拉失德史》），以体现作者的诗歌修养和生活情趣，同时也符合伊斯兰"无限图案"的装饰风格，增添了文字的迷人性。出现了以诗歌方式讨论学术的文体，如亚萨维的《真理的入门》，原来真理、知识、人性、谦卑等主题是可以用诗歌来表达的——

我要送你一句有用的话，

请你注意倾听吧！

那就是：把骄傲打翻在地，

紧紧抓住谦虚，再不要放开它。

接下来我想重点谈谈纳瓦依（1441~1501年）和他的柔巴依。

纳瓦依出生于呼罗汗国的首府赫拉特。他用波斯语和突厥语写诗，是"双语诗人"。用波斯语写的诗署名"法尼"，用突厥语写的诗署名"纳瓦依"。这种身份的分裂感促使他写下《两种语言之争辩》一书。当时，操突厥诸语的诗人用波斯语写作成为一种时尚，认为波斯语是"蜜糖"，是真正的诗歌语言，而维吾尔语不登大雅之堂。对此，纳瓦依说"不！"他用大量例子说明维吾尔语的优点：概念之准确、词汇之丰富、构词之灵活、表意之细腻等。他把诗人比作下海捞珠的人。美言带来重生，恶言则是死灰。他说——

> 词者——珠也，其源在海。心亦海也，犹明镜也，总摄万千之词。自有下海人，始有珠出世。珠之美在璀璨，词之贵，见诸谈吐，因学人之巧思而藻丽，因言者之机锋而完美……美言之出，朽腐可以重生，恶言之来，生体须臾死灰。

纳瓦依是语言的洁癖主义者，为语言之美呕心沥血的人。一生写了30多部著作，有抒情诗、叙事长诗、诗论、传记、自传等。传世作品有《四卷诗集》、《五卷诗集》（《哈米沙》）、《心之所钟》、《文坛荟萃》、《鸟语》、《天课书》等。抒情诗《四卷诗集》是一年内完成的，共3130首，45000行，用了15种诗体，其中有不少柔巴依。让我们来读其中的一首——

> 疯狂爱你，纳瓦依变成了非人，
>
> 如同一堆垃圾被扔在路边。
>
> 你爱情的火焰将他烧成了灰烬，
>
> 求你不要再送他去地狱遭受熬煎。

这里表达了爱的煎熬、痛苦、无望。他的柔巴依中有夜莺、百花、明月、晨星，也有破酒馆、尘土、黑夜、裹尸布。我们常常认为维吾尔诗歌（和民歌）是快乐的，喜气洋洋的，这实在是极大的误读，我们把它们简单化了，庸俗化了。纳瓦依诗中忧伤的氛围、悲哀的语调使我们疼痛、颤栗。《四卷诗集》完成后他写道："在荒芜的园子里／时有我的身影／啊，干枝上一片黄叶临风。"

我脑海里常浮现纳瓦依的形象。不，不是我想到了纳瓦依，在新疆我常常遇到纳瓦依——维吾尔大型套曲《十二木卡姆》集合了44位诗人的4492行诗，其中纳瓦依的诗（歌词）占到五分之一的篇幅！我心目中的纳瓦依是多种身份的叠加：回鹘后裔，赫拉特的执政官，宫廷艾米尔（宰相），双语诗人（突厥语和波斯语），两座著名清真寺的建造者，400幢城市建筑的设计师，穷人们的慈善家，画家、歌手们的资助人，文坛领袖,诗歌园丁,独身主义者,妇女们的偶像,学子们的导师……他的诗歌被人们比作销魂的美酒,但更像一座缤纷丰盛的花园。通过十二木卡姆,他的诗在宫廷夜宴上传唱,在中亚最偏远的乡村传唱,在沙漠的麻扎(墓地)传唱,在情侣、乞丐、老者、孩子们中间传唱。

纳瓦依是一流的抒情高手,维吾尔诗歌的集大成者,杰出的柔巴依大师。而在深入人心、广为流传方面,维吾尔诗人中几乎无人可以与之匹敌。《拉失德史》的作者米儿咱·马黑麻·海答儿说:"什么人也没有用突厥语写过比他水平更高的诗歌。"纳瓦依曾把死神比作商人,赢取利润后转身扬长而去。在赫拉特城,人们已离不开纳瓦依,离不开他的诗。诗人之死使整座城市陷入黑暗之中。"今天——回历 706 年 6 月 12日,是历史上最沉痛的日子。整个赫拉特在悲哀的气氛中苏醒了,噩耗流入每个人的心田,使它们在悲痛的烈火中熊熊燃烧。每个人都在自己的头顶上看到了死神的影子……每个赫拉特人都感到,不仅在自己的心灵上空,而且在整个京城,整个国家都笼罩着一种压抑人心的空旷。人们仿佛失落了给生活赋予灵魂、给事物赋予意义的一样东西……在历史上曾经埋葬过多少伟人的赫拉特,从来也没有像今天这样在悲痛的漩涡里浮沉过。"(阿依别克,《纳瓦依》第 37 章)

在我眼里,新疆是一个美的自治区,一册以天山为书脊打开的经典,南疆和北疆展开辽阔的页码。柔巴依内容的绚烂和形式的克制十分适合新疆的表达,几乎是新疆的天然气质与本土声音。新疆的辽阔壮美应该放在一首柔巴依中——160 万平方千米的大地可以浓缩为诗的精华。也许在新疆的"大"(地理、文化)中,"小"(诗歌、柔巴依)应该获得优先的发言权。这是诗的准则与尊严,也是我们心灵的地缘学。

这是我无法颠覆的理想:一个美的自治区,存在于一首最绝美的柔巴依中。

(节选:沈苇《柔巴依:塔楼上的晨光》,新疆美术摄影出版社,2006 年 6 月)

哈萨克族的马上游戏

哈萨克民族的马上游戏起源悠久。在哈萨克民族的祖先塞种、匈奴、大玉兹、乌孙、康居、阿兰等部落物质文化鼎盛时期，为满足人们精神生活的需要产生了内容丰富的诸多娱乐文化活动，马上游戏就是其中之一。马上游戏反映了哈萨克人的历史、风俗、经济、文化的一个侧面。哈萨克人通过马上游戏可使人民骁勇善战，提高洞察力和竞技力，引导人民互助友爱，团结和睦，同时造就了诸多马专家（伯乐）和著名骑手。据传说，哈萨克族马上游戏大约产生于塞种人在招兵买马时举行赛马、角马力、马上角力、马上角斗等活动。后来，为了进一步筛选良马和强兵举行长距离赛马。通过长距离赛马、障碍赛、比马力，勇士们和统帅们可选到称心如意的真正良马。随着时代的迁移，人们的精神需求日益增强，在婚礼喜庆和集会中，小伙子和姑娘们跨上骏马追逐嬉戏，相识、相亲。在长距离赛马中获胜者会得到丰厚的奖赏，并封官扬名。通过这些活动，促进和提高了人们的选马、驯马、马上游戏技能，逐渐完善了赛马、角马力、马上角力、马上角斗、障碍赛、跨越沟河、前蹄腾空、姑娘追、追小伙等马上游戏的相关规则。

中世纪，哈萨克民族的克普恰克、阿尔根、乃蛮、克烈、瓦克、弘吉剌惕等部落相继建立汗国。这时期，改良马品种和调教驯马的方法得到了进一步的完善，拥有良马、骏马的人数大增。各部落氏族出于各自利益把单一的赛马扩张为平民赛马、赛马、长距离赛马、阿拉曼拜戈、三岁公马赛、赛马驹、赛走马等种类，并制定了严格的规则。角马力、叼羊、马上棒球、障碍赛、姑娘追、追小伙等马上游戏逐渐形成规模化和制度化。与此同时,相继出现了选马师、相马师、驯马师、评马师、调马手、叼羊手等众多马专家和马上游戏能手。

古波斯诗人黑斯拉瓦依见到哈萨克人酷爱良马,格外喜欢马上游戏的情景惊叹不已:

哈萨克人不厌调良马

哈萨克人从不误赛马

姑娘追、叼羊时忘乎所以

哈萨克人乘骏马疾驰如电

骑着飞马射弓箭

马上拾银真惊险

木棒击球在马上

横冲直撞在其中

姑娘追和叼羊的来历

有关叼羊、姑娘追的来历及其在大小庆典中举行叼羊、姑娘追等马上游戏风俗的起源。《医药志》一书中记载:

哈萨克昆弥(乌孙国王号)称王登基时,有众多翼助辅佐,他们像整齐排列的白天鹅一样扶翼着昆弥。

哈萨克昆弥说:"我四十个部落联盟的阿拉什(哈萨克族历史上的名称,有同盟、联盟、大众之意)。前面二十名助手是我的右翼,后二十名是我的左翼。"突然,有一个美丽的姑娘穿过众人,直奔昆弥前,站着说明了她的来意。

"你统治着这无边无际的大地,给人民带来了和平。你是个至高无上的统治者,就像人间的太阳。但男大成婚、女大当嫁是人间天经地义之事。你是个男人,我是个女人,在众目睽睽之下,我骑着马跑,你来追我,你能追上我并从马上拽下来,我就嫁给你。如果追不上我,从马上拽不下来我，你就让位。这就是誓约。"哈萨克昆弥爽快地答应了。那姑娘骑上马就跑，昆弥紧随其后追去，然而结果令姑娘失望了。忧心如焚、心神不定的民众见昆弥获胜皆大喜。

美丽的姑娘成为了昆弥的新娘。从那以后，婚典喜庆时举行"姑娘追"就成了哈萨克草原喜闻乐见的娱乐活动。

哈萨克昆弥登基时曾下旨把每年纳吾鲁孜日（哈萨克族历法中的正月、新春，公历为三月）十三、十四、十五日3天定为"纳吾鲁孜节"。这年纳吾鲁孜节在山脚下的首都举行。在人民的簇拥下，哈萨克昆弥坐在花毯上，民众俯首诚拜，欢庆达到高潮。人们相伴结对相互祝福。每家每户都端上桡骨肉（纳吾鲁孜节必备肉食）请人们共享，吃用7种食物做的粥。忽然有一只灰狼直奔昆弥而来（无人知晓这只灰狼从何而来）。众人扑向灰狼，有惊无险地救了昆弥。人们都清楚这是造物主特意制造的险情，阿拉什人民为解救了昆弥而喜出望外。骑兵们争抢着这灰狼，灰狼被骑手们撕得支离破碎，见这情景人们格外高兴。争抢到了狼的骑兵策马奔跑，其他人紧随其后追逐争夺，一时草原上成了欢乐的海洋。昆弥也欣喜若狂，为传承"叼灰狼"特下旨，婚礼喜庆时要举行叼羊（用羊代替狼）活动，并代代相传。

马上棒球的来源

古希腊诗人罗塞诗中写道：

马上棒击玩髌骨，

众人欢聚来游戏。

这是塞种人娱乐项目，

欣赏者赞不绝口。

胜者得首领丰厚奖品，

赏绸缎布帛还有马匹。

这项娱乐活动的起源历史也很悠久。早在塞种人时期马上棒球的规模就特别宏大，优胜者会得到首领的亲自奖赏，奖品也格外丰厚。有关马上棒球的来历民间有这样的传说：一日，塞种人首领阿尔卡斯坐在自己宅门前，见到两个骑着马的士兵用长矛尖将牛髌骨击打到对方门口，两士兵你来我往地击打着髌骨，并长时间对峙。真是熟能生巧，他俩越打越熟练，阿尔卡斯对那两士兵娴熟的击打目不转睛地望着，并被他们的高超游戏技能深深吸引。他起身拾起髌骨，在地上划了一道线，让两个士兵各站在线的两边。"以线为界，两边是你们各自的领地，你们把这髌骨击打到对方领地，谁将髌骨击打到对方领地最多，我就奖赏他并提升他的军衔，开始吧！"说着把髌骨扔到了他俩中间。两士兵全神贯注地投入到了击打髌骨的游戏之中。他俩奋不顾身击打髌骨的高超球技，使阿尔卡斯喜出望外，十分得意。他奖赏了这两个士兵并提拔了他们。从此，这项比赛成了一种娱乐活动流传至今。

角马力的产生

角马力游戏的产生在民间也有这样的传说：

有一天，大玉兹首领亲自操练将士们时，从远方疾驰而来的报信人被一士兵的马驹撞得人仰马翻。这意想不到的事使大玉兹首领深受启发："如果我将士的马都强壮到能撞倒敌人的马，那对击败敌人夺取胜利定有帮助啊！"从此，在给大将勇士们选马时，首先要进行角马力，把那些力气超群、体格健壮、速度极快的良马配给了大将勇士们。无战事或空闲时，士兵们分成两队，举行角马力游戏活动，这样角马力游戏来到了人们的生活之中。

如今哈萨克人在婚礼喜庆时举行的马上射银元、飞马拾银元游戏是康居部落首领的女儿卡尔姆斯最先发明的。据说有一次康居大军凯旋而归，康居首领为庆贺这次胜利特举行了规模较大的摔跤、赛马比赛。在首领兴致勃勃地欣赏着将士们的高超技艺时，他的爱女卡尔姆斯说道："禀告父王，请准许我从今天的聚会的勇士中挑选终生伴侣。"

"随你心愿,我已准许。"得到同意的姑娘欣喜地来到民众前说:"听着,男士们,勇士们,现在我立三个条件。第一个条件是我要从我的胸前拔下一枚银元挂在那树枝上,想娶我的小伙子,必须距 70 步外,在马上用弓箭射下那银元。第二,我取下胸前剩下的 7 枚银元,裹在 7 个丝绸巾中,埋在 7 处,想娶我的小伙子要骑马飞奔而过,从地上拾起这些银元,交到我手中。第三,完成上述两条件的小伙子得到 7 面小旗,他要在跑马时把这 7 面小旗插在 7 处,小旗必须在一条线上,而且间隔要一致。谁能准确无误地完成我的这 3 个条件,我就嫁给他。"

抱着梦想和希望的小伙子们相继登场献艺,但都以失败而告终,多数人从马背上摔了下来,成了众人的笑料。最后,姑娘暗恋的小伙子,万名士兵的教头出场。他在 70 步外的马上射下了银元,飞马而来拾起了姑娘埋在 7 处的银元,献给了姑娘。之后,他按要求把姑娘备好的 7 面小旗插在了 7 处。康居首领的爱女卡尔姆斯选到了心上人,实现了她的梦想。从那以后,康居人办喜事举行马上射银元、飞马拾银元成为风俗,成了女性择偶的首选条件。

以上传说,在被誉为"史学之父"的格罗多特的史书中得到进一步的印证。"马萨盖特人善于马上射箭……马上射箭是塞种人的大创举"。美国人 V·H·麦考尔也写道:"匈奴人靠马上射箭在中国北方称雄,这是他们深受塞种人的影响结果。除匈奴人外,东方民族在此之前还不知怎样组建骑兵。"这些史学上的记载,更充分地证明了哈萨克民族的祖先善于各种马上游戏和拥有庞大的骑兵。对此,历史上诗人曾写道:

> 塞种人、匈奴人还有大玉兹,
>
> 他们的铁蹄震撼大地,
>
> 乘飞马持战旗驰骋战场,
>
> 骁勇善战神射手,
>
> 冲锋陷阵破重围。
>
> 和平时期的马上游戏,

培养出剽悍英勇赛马手。

哈萨克民族马上游戏是在纳吾鲁孜节、胜利节等节庆举行的娱乐活动,也在那些年老谢世的著名毕官(执法官)、富豪、民众中具有很高威望的达官贵人和著名艺人的周年祭祀仪式上举行。远近的哈萨克部落都将被邀请参加这种周年祭祀仪式。祭祀仪式中一定要举行长距离赛马,优胜者会得到为九个数的丰厚奖品,并以名次给予分配。九个数的奖品是指一百匹马、一百头牛、一百只羊、一百峰骆驼、一百两黄金、一百两银子、一百开孜布匹(开孜,旧俄制长度单位,等于0.71米)、一百卡达克茶(卡达克,旧俄罗斯重量单位,1卡达克等于0.41千克)。

在哈萨克习俗中,那些腰缠万贯或有足够财富的人,不邀请民众参加亡灵周年祭祀赛马,被视为"吝啬鬼"、"守财奴"。因为,哈萨克人认为"躯体是灵魂的牺牲品,性命是廉耻的牺牲品。"举行祭祀仪式,赛马是对亡者的思念,是对民众的敬重。因此,周年祭祀仪式的规模也关系整个部落及夺魁赛马的实力。

数世纪以来,骏马的铁蹄声给整个哈萨克大地带来了无限的欢乐。在有关赛马的传说中,参加马匹最多的赛马算是乃蛮部落富豪别尔德胡勒的周年祭祀仪式上举行的赛马。著名的史学家、雄辩师、歌唱家、演奏家努拉合麦提江·托汗拜是这样描绘的:在阿拉库尔一带举办了乃蛮部落的大富人别尔德胡勒的周年祭祀仪式,邀请了三个玉兹的哈萨克人,同时还邀请了俄罗斯、蒙古有势力的部落,并告示要举行赛程为7天的长距离赛马。头奖为1000匹马、1000头牛、1000只羊、1000两银子、1000两黄金、1000尺丝布、1000斤茶叶。在举行了声势浩大的周年祭祀仪式后,有3000匹马参加了赛程为7天的长距离比赛,比赛中数百匹马活活累死,数百匹马跑不动退出了比赛。别尔德胡勒的枣红马3天跑完了7天的赛程,第一个到达终点。别尔德胡勒的周年祭祀仪式上举行的赛马成了哈萨克赛马史上规模最大、参加的马最多、奖品最为丰厚、创纪录的赛马盛典。

在新疆的近代史上，阿勒泰、塔城、哈密、昌吉、乌鲁木齐、伊犁等地也举行过规模浩大、影响力极深、被人们传为佳话的几百场长距离赛马，其中有在 20 世纪初举行的乃蛮黑宰部落的最后一任毕官、雄辩师、史学家卡德尔斯孜，克烈部落的托舍巴依等人的周年祭祀仪式的长距离赛马和其他马上游戏，至今民众记忆犹新。如 1912 年在伊犁巩乃斯草原上举行了黑宰部落的最后一任毕官波勒斯（解放前，哈萨克族牧区的行政单位，相当于区长）的周年祭祀仪式。卡德尔斯孜生前扶植的阿克拉克奇（商队头目）、斯拉木江叶斯铁麦斯都各搭百顶毡房，卡德尔斯孜生前关系密切的阿尔根苏姆和祖尔汗苏姆各搭了 100 顶毡房，而且各带来了 50 匹赛马。博乐各城镇和巴音郭楞托尔盖特人也得到了邀请，他们各带来了 20~30 匹赛马及摔跤手。周年祭祀仪式上搭建了 700 顶毡房，693 匹骏马参加了长距离赛马，同时举行了摔跤及其他马上游戏活动。这是伊犁历史上举行的规模最大，参加人马最多的一次声势浩大的马上游戏活动。这次赛马的赛程为 70 千米。在 693 匹参赛马匹中卡尔江的枣骝马一举夺魁并得到了 300 匹马、300 只羊、300 枚元宝的奖赏。在马上射元宝中，来自夏哈尔的神射手恰格加勇夺第一名，奖品为一匹马，一峰骆驼、一枚元宝。在飞马拾元宝比赛中柯尔克孜族小伙子库尔曼别克技压群雄获得第一，并得到一匹马、一峰骆驼的奖赏。在马上角力比赛中，来自阿尔根苏姆叫做莫恩克的小伙子战胜所有对手夺魁，并得到一匹马、一峰骆驼的奖赏。

给亡者举行周年祭祀仪式，举办赛马和各种马上游戏活动是哈萨克族从古延续到今天的传统风俗。通常，周年祭祀仪式是在亡者谢世一周年时举行，然而，为了使周年祭祀仪式规模宏大、声势浩大，也可以在亡者一周年前后的夏、秋季适时举行。

举办周年祭祀仪式的人或部落，半年前就告示远近的人们举办地点、时间、赛马奖品等事项，并发邀请函。被应邀的人们就开始准备调驯参赛马匹，选拔摔跤手、歌手和阿肯，做好一切准备来参加周年祭祀仪式。

从前,盛大的周年祭祀仪式要举行 5~7 天,同时搭建毡房、备地炉、宰畜、念经、设宴、摔跤、马上射银元、赛马等事项按礼节井然有序地进行。有威望的阿吾勒(牧民聚集的地方)和亲家亲属会牵着牲畜、驮着马奶,首先来到房顶挂着丧孝的哀悼毡房,住在这阿吾勒附近高坡上的老人和首领会前去迎接他们。前来赴周年祭祀仪式的人在祈求亡者灵魂安息的同时,并给予死者家属物质资助(有牲畜、黄金、银子、货币等)。手脚勤快的阿吾勒小伙子们热情地安排他们的食宿,并尽力款待他们。招待客人的每户人家宰畜备食,每次吃饭时都要念经致哀。盛大宴会上,勤快的小伙子们骑着走马来往于宾主之间,送来为死者宰杀煮熟的牛、马肉。远方客人在空闲时陆续前去死者的毡房哀悼,念《古兰经》,祈祷祝福。

在周年祭祀仪式上首先要宰死者生前乘骑过的马匹。在杀这匹马前,用白布扎马的额鬃,给马备上死者生前用过的马鞍,牵到众人面前,待念完《古兰经》后再卸下马鞍。死者的妻子、女儿和儿媳与马做最后的告别,悲痛欲绝地哭唱挽歌。

哈萨克人举行周年祭祀仪式上,赛马和各种马上游戏的目的,一是对一年来吊唁、念经的守丧人家给予精神上的解脱,结束哀悼期。二是聚集民众,调解他们之间的恩怨,使他们更加团结和睦,倡导人们崇尚人道主义和传统文化。因此,哈萨克人力争把周年祭祀仪式办得有意义、隆重。前来参加仪式的艺人、歌手、演奏家、阿肯、毕官和雄辩师向众人尽情展示哈萨克人的优秀文化、优良传统和风俗习惯,赋予民众丰富的精神食粮。民众之间的各种矛盾纠纷得到公正的解决,误入歧途的人被引到正路,人们的团结会更加巩固,生活信心会大增。阿肯们赋诗吟歌,抨击人们的缺点和不足,宣讲人间世道。在仪式上倡导的如金子般的名言绝句和教育意义极深的祝词,很快就传遍整个哈萨克草原;代代相传。

之所以叙述历史上举行的诸多重大周年祭祀仪式的原因，是因为在哈萨克族的马上游戏中，与婚礼节庆相比，在周年祭祀仪式举行的赛马较多，赛程较远，参赛马匹众多，奖品也很丰厚，参赛马匹不限，吸引力强，具有广泛的群众性。与周年祭祀仪式相比，婚礼节庆中举办的马上游戏种类较多，场面更加热闹，从各种赛马到就地腾空、马撞胸、扔马鞭、马上射击、跑马拾哈达、叼羊、摔跤、拔河、姑娘追、马上角力等游戏，种类齐全而且十分丰富，优胜者全都会得到奖赏。

新中国成立后，在党和政府的正确领导下，新疆维吾尔自治区各地州、县成立了体委，哈萨克民族的马上游戏运动有的被列入了国际比赛项目，有的列入全国比赛项目，有的则列入自治区比赛项目。例如：1951 年在北京举行的全国首届体育运动会上，伊犁哈萨克自治州赛马队代表新疆维吾尔自治区参赛，伊犁马的故乡之一新源县选派的浅栗色马包揽了 5000 米、7000 米、10000 米和 15000 米速度赛马的冠军，勇夺 4 枚金牌，被并誉为"北京浅栗马"，向世人充分展示了伊犁马的雄风。

十一届三中全会以后，在党的改革开放方针政策的正确领导下，全国少数民族传统体育运动事业蓬勃发展。以体育运动促团结，推进少数民族传统体育事业的普及和发展，体育事业发展更加规范化和科学化。1983 年 9 月在全国第二届少数民族传统体育运动会上，伊犁哈萨克自治州赛马队代表新疆参赛，在 1000 米、2000 米和 10000 米速度赛马中夺魁，荣获 3 枚金牌，再次显示了伊犁马的实力。

1985 年，为庆祝新疆维吾尔自治区成立 30 周年大庆而举办的首届少数民族传统体育运动会上，伊犁哈萨克自治州代表团参赛的赛马，在 3000 米、5000 米和 10000 米速度赛马团体中勇夺第一名。

1986 年举行的全国少数民族传统体育运动会上，伊犁哈萨克自治州代表新疆参赛，在 1000 米、10000 米速度赛马比赛中勇夺第一名，并以两金三银四铜的成绩荣获团体冠军。同时，伊犁的玉顶枣骝马在

10000 米速度赛马比赛中,以 14 分 08 秒的成绩刷新了全国纪录。

1987 年在山东举行的全国赛马运动会上,伊犁哈萨克自治州选派的 3 匹马在 3 项速度赛马上荣获 3 枚金牌。被誉为"飞毛腿"的伊犁黄骠马在 10000 米速度赛马中以 13 分 31 秒的成绩获得金牌,并再次刷新了全国纪录,至今还保持着这项纪录。在各级政府的关怀和大力支持下,伊犁的赛马得到飞速的发展,出现了"北京浅栗马"、"黄骠飞马"、"飞毛腿玉顶枣骝马"等一批创全国纪录的赛马。它们的名气并不逊色于历史上那些传奇骏马。

狩 猎 术

狩猎术是哈萨克民族马上游戏的重要组成部分,是趣味十足的马上娱乐活动之一。从前哈萨克民族的先祖从事畜牧业的同时,也从事狩猎业,最早是用弓箭、投石器、套索、铁夹(捕猎器)等器具狩猎。随着人们的狩猎术的提高,开始调驯鹰、雕、隼、鹞等猛禽,捕捉猎物助兴娱乐,马与鹰完美结合在一起。把那些调驯猛禽、捕捉猎物的人称之为"库孜别克"(驯鹰人)和"布尔克特奇"(撒鹰人)。

猎鹰、狩猎不仅十分有趣,还有深奥莫测的神秘。只有那些了解各种猛禽的本性,懂得它的行为的"库孜别克"才能随心所欲地驾驭。像驯马师一样,"库孜别克"一眼就能看到真正的雄鹰,而且将猛禽调驯成捕捉猎物的猎鹰。调驯的猎鹰可捕捉狍子、黄羊、狐狸、狼等走兽,而隼、鹞等猛禽可捕捉野鸡、鹧鸪、野兔、石鸡、秦鸡等飞禽。

驯鹰人架鹰出猎时,阿吾勒的老少都骑上快马紧随其后,他们谈笑风生参与狩猎活动,在野外烤食猎物,共享其乐。为此,哈萨克人把狩猎形象地描述为"用铁夹的人不劳而获猎取猎物,猎人筋疲力尽才能打到猎物,而驯鹰人在趣味享乐中捕捉猎物。"

猎人之间常比试各自的驯鹰本领和各自调驯的猎鹰,同时对各自的猎鹰评头论足发表高见,准确无误地预测捕捉猎物的情况。诗人们对哈萨克人这深奥莫测的狩猎本领赞不绝口地赋诗吟唱：

　　调驯好的猎鹰可捕捉苍狼，

　　捉到狐狸、狍鹿(狍子)更令人兴奋。

　　哈萨克人这独特的狩猎本领，

　　吸引聚集着众多青年和老人。

　　狩猎虽趣味十足而艰险无比，

　　善于调驯驾驭会使你美名远扬。

　　哈萨克人的这种狩猎方式是一种人与大自然，人与动物和谐共处的完美体现，是丰富的马上游戏活动重要的一项。

(节选:《哈萨克族马上游戏》,伊犁人民出版社,2005年5月版)

哈萨克族阿肯弹唱的形成与发展

　　大多数学者认为对唱艺术源自古代文学创作传统。但惟一的缺憾是关于古代对唱及其历史几乎没有文字记载，这也给研究对唱历史带来许多困难。但无论怎样，对唱并非无源之水，无本之木，显然是在古代民间文学和民俗土壤萌生。它从简单至复杂，从形式到内容，均走过了一个漫长的发展阶段。现今完善的阿肯对唱便是当时具有人民性的古代艺术创作的历史必然。因此，研究对唱艺术的产生和发展过程，不能不与民间口头文学、民间艺术、民俗、信仰的发展历史相联系。若脱离阿肯弹唱发展的历史轨迹，把它当做孤立现象，就会偏离事物的发展规律。对唱和古老民歌、英雄史诗均源自古代习俗歌等，而习俗歌又是诗歌普及时代的产物。若说渊源的话，可以说对唱艺术起源于灶头。有观点认为英雄史诗是习俗歌中最古老的种类之一《挽歌》发展的种类。大多数学者认为该观点有道理。《挽歌》在从久远古代相传的《吉尔伽美什》(世界最古老的英雄史诗之一)一样的英雄史诗中显而易见，古希腊荷马史诗的某些情景与《挽歌》特别相似。据历史记载，在作为哈萨克族族源的古老部族塞种和匈奴中均有《挽歌》存在。当匈奴可汗阿提拉在欧洲去世时，匈奴人唱的挽歌使欧洲人感到惊讶。对唱形式中最古老的诗歌和一般的种类，是在与哈萨克族古代信仰和习俗相关而唱的诗歌中形成的。这种诗歌大多是群体对唱。在哈萨克族民间文学遗产中，与古代人们的幼稚思想、神话思维相关而产生的表现信仰的诗歌，其中之一是《巴迪克歌》(诀术歌。古代哈萨克族牧民为祛除人畜疾病而创作的一种朴素的民歌)。《巴迪克歌》的内容反映了古代人们祈求神灵保佑，以求人畜平安的思想。《巴迪克歌》因为人们分成双方轮流唱，所以有些学者将它称"巴迪克对唱"。从内容上来说，不能把《巴迪克歌》称为争执的对唱。它作为非常久远时代的诗歌形式，其中就反映了类似对唱形式的因素。首先，它以姑娘们和小伙子们分为两方轮流唱而引人注目。将有关信仰、劳动、狩猎的民歌集体演唱，将艺术和信仰、习俗、劳动浑然一体，自古以来是民间艺术的一个特点。当时这一类民歌不仅是为了娱乐，而且也是出于"功利"（普列汉诺夫语）而演唱的。因此说，哈萨克族的《巴迪克歌》不是一般意义上的诗歌，它要由两方轮流唱，其表现形式则是古老的《哈依木歌》（也称哈依木对唱歌。是对唱诗中最简单和原始的种类）样式。在《巴迪克歌》中，双方唱的诗句内容相互补充。将这种民歌分成两方轮流唱，对于体现民歌特色，人们的习俗仪式；以及劳动生活中的实用功能和娱乐作用都具有显著的优势。同时它对古代人们背记和编造诗歌的能力也产生了影响。像《巴迪克歌》一样，古老民歌在形式方面也开始出现了双方的某种配合和竞争的最初因素。当然，《巴迪克歌》的最初创作不见得相传至今。在此后的时代，尤其在中世纪，民歌得到了充分的发展，民间出现了综合艺术家——巴克思、占卜家、吉劳吾等。民歌的种类丰富，篇幅增大，在民间广泛地演唱战歌、英雄歌、挽歌、报丧歌、遗言、哲理歌、习俗歌、纳吾鲁孜歌、牧歌等。这些民歌的大多数内容反映了人民的社会生活、劳动、战争、习俗、信仰等。它们尚未与生活需求、功利性完全脱离。在这类民歌普及和广泛演唱的时代，对唱也随之出现。当时演唱的对唱较之《巴迪克歌》进了一步。其中对唱、竞赛的因素增强。据著名学者毕丘林（1711~1853年，俄国历史学家）记载，6世纪的突厥人将民歌相互对唱、轮流演唱，但这种民歌没有相传至今。不过，将民歌分为双方轮流演唱，当然也就包括了对唱的因素。从近年发表的一些文章中不难看出，哈萨克族人大张旗鼓地迎接纳吾鲁孜节，自古就形成了传统。据说他们在纳吾鲁孜节前夕，在举行群众性娱乐活动的夜晚，与其他娱乐活动（如：荡秋千、用绳子捆手、姑娘与小伙子相见、射银元、用火祛灾和牲畜疫病等）一起，也举行死者与活者的对唱。在现代民间文学中亦可见到像死者与活者对唱、死者与活者交友的变体，但很难将这一类对唱称为最古老的变体。从这些零星的依据可知：在古代民歌中，对唱种类的诗歌开始出现并发展。在哈萨克族民歌资源中，可见到保存古代诗歌特征的对唱诗变体。其典型变体是与婚姻相关的《加尔——加尔对唱》（姑娘出嫁仪式时所唱的一种古老的对唱种类）、《巫师歌对唱》和在民间广泛流传的《哈依木歌》。学者们认为，历史上相传的民歌的一个共同特征总是与人民的劳动、生活、习俗相结合。对唱之所以尚未失去特征而相传，与习俗仪式、祭祀、狩猎、祛除牲畜疫病等作为必然组成部分而被演唱息息相关。在哈萨克族民歌中这种古老时代的诗歌特征一直延续至现代。这些尚未失去古老特征相传的民歌种类是《加尔——加尔对唱》、《巫师歌对唱》等，其中《加尔——加尔对唱》无论在广大牧区、农村或现代都市都是哈萨克族婚姻习俗中不可缺少的民歌。它与习俗仪式相关的实用性和娱乐作用有机结合。在民间口头和古老英雄史诗中保存着《加尔——加尔对唱》的精彩变体。《加尔——加尔对唱》是小伙子们和姑娘们的集体对唱。它有某些固定唱词（尤其在古老的变体），在采用《哈依木歌》形式演唱等方面，与《巴迪克歌》相同，但较之《巴迪克歌》、《加尔——加尔对唱》的争辩意味较强，即姑娘们一方以新娘的名义与小伙子们一方争辩。她们诉说自己年纪轻轻就出嫁，舍不得离开父母、乡亲们和故乡的情愫。小伙子们一方则说："若你是好人，在你去的地方也能获得这些"，而姑娘们一方则竭力反驳小伙子们的观点，构成了对立而有趣的场面。与嫁女娶亲习俗相关而演唱的习俗歌不止一种，还有其他单独演唱的种类，但它们之中至今较多演唱的是《加尔——加尔对唱》，可见其不衰的生命力。当然，现代演唱的《加尔——加尔对唱》与其古老变体有一定的区别。在哈萨克族古老民歌中，与对唱密切相关的民歌种类之一是《哈依木歌》。我们之所以这样说，是因为在古老民歌中用对唱形式演唱的民歌，从对唱民歌产生的许多"哈拉民歌"（也称《哈拉约令》，哈萨克族民间歌谣最古老的一种形式）几乎都是《哈依木歌》。《哈依木歌》是在民间广泛普及的诗歌形式。如果说对唱艺术的萌生，其最初的变体、基础、土壤在民间的话，那么构成对唱民歌基础和艺术形式的是《哈依木歌》。俗话说："骑骆驼的人也会唱几句民歌。"在民间每逢婚礼、祝贺婴儿出生仪式、宴会、聚会时，人们唱的民歌不可胜数，但仍大多是《哈依木歌》，并且是用对唱形式演唱的。《哈依木歌》有背记的，也有新演唱的。在地区和部落之间演唱的《哈依木歌》的结构有一定的区别。人们将重复回答头两行的《哈依木歌》加以发展，只重复其头一行，甚至创作了只重复每一节头一个词汇的对唱民歌。有些歌手对唱时，用《哈依木歌》开头，激动时抛开《哈依木歌》形式即兴演唱。在《哈依木歌》对唱中没有竞赛，不强调胜负。它有时演唱得很长，甚至通宵达旦。可见在对唱过程中《哈依木歌》逐渐发展，开始进入"哈拉民歌"阶段。由此可见，歌手们在对唱创作中逐渐成熟起来。若没有这样对唱的深厚土壤和《哈依木歌》，就不可能有现今这样上升至高度，专门的阿肯对唱艺术及其发展与成熟。至今，最古老的《哈依木歌》对唱按原貌保存的变体少见，从某种意义上说，人们只继承了它的形式。对唱作为一种古老的艺术形式传承至今，它是逐渐发展成熟起来的。因此，不能将对唱传统最初的萌芽与现代成熟、完美的变体相提并论。若只看到现今的对唱艺术和阿肯对唱，不看其产生、发展的过程，那么就要落入无根无据的境地；不能立足于发展的高度，也无法解释对唱在民间的深厚基础和发展过程。从历史唯物主义角度看问题，对唱艺术是对唱传统从简单至复杂发展的成果。我们认为在谈论对唱艺术和对唱诗时，不能不考虑到这一点。

从广义的民俗学角度来说，可以说对唱是与民俗一起产生、浑然一体的艺术。目前民俗学成为人文科学的重要学科之一，在中国居于一级学科之列。民俗学的涉及面广泛，凡是与大众的社会生活、物质文化和精神文化相关的现象，几乎都属于它的研究范畴。广大人民的传统信仰观念、迷信、祝福仪式、每一时代的宗教信仰,以及各种艺术、智慧、道德标准、习俗、语言文化等都属于精神文化。据此,可以说对唱艺术也是整个民俗的重要组成部分。

当谈到对唱艺术与民俗的关系时,首先要考虑的是整个对唱是在人民中产生和传播的,其产生和传播与人民的古老习俗不可分割。实际上,对唱的最初种类与祛除牲畜疫病仪式、婚姻习俗密切相关,某些方面只有实用性。古老的对唱一般在宴会、聚会、祭奠、婚礼、节日、交易会等场合进行。它除了娱乐、竞技之外,还发挥一定的社会作用。哈萨克民族酷爱喜庆,这也许是草原生活所致。喜庆总与欢乐相联系,哈萨克族的许多习俗都集中于喜庆,如"祝贺婴儿出生仪式"是哈萨克族的一个特殊习俗。其间人们要唱很多对唱。以最初的"哈拉民歌"和"对唱歌"作为表现形式,甚至通宵达旦地唱。这已成为一种习惯。在婚礼中,人们不仅演唱像《加尔——加尔对唱》一样具有实用性的民歌,而且举行阿肯对唱。许多古老对唱歌的典范便是婚姻喜庆的产物。众所周知,哈萨克族最古老和隆重的习俗仪式之一是祭奠。它是古代隆重祭祀战死英雄的延续。祭奠是象征服丧人家哀悼结束和新的欢乐生活开始的特殊仪式。期间要为死者唱最后的挽歌,降下致哀的旗子,宰杀死者生前经常乘骑的剪去颈尾鬃的马。富裕人家则会尽量把祭奠举行得隆重,这被认为是新生活的开端。在隆重的祭奠中,通常要举办哈萨克族群众喜闻乐见的赛马、摔跤、美男美女比赛、射银元、叼羊、姑娘追等传统活动项目,以及阿肯对唱。许多对唱是在专门集会、交易会或宴会、聚会中举行的。过去在哈萨克族草原,人们的一般对唱大多与劳动生活紧密结合。目前,从民间搜集记录的对唱诗看来,人们在草场放牧或夜间看守牲畜时,在旅行或在商道时,在某一人家住宿时,在草场割草时,往往与偶然遇见的人对唱。这在当时哈萨克族人看来并无非礼可言,人们均习以为常。

对唱是哈萨克族民俗古老种类的产物。民俗与对唱艺术的这种一起产生、紧密结合的传统，至今按其自己的轨道传承。随着社会生活的更新变化，尽管全体人民中广泛、自由对唱的某些方面有所减弱，但对唱艺术与民俗的融合都在目前规范、隆重的阿肯对唱会得到集中反映，从中可见对唱艺术与习俗歌、哈萨克民族文化传统的相互结合。这实际上也突出了对唱艺术的民族色彩。酷爱诗歌是渗入哈萨克族人民血液的草原文化传统。对唱艺术是草原人民酷爱诗歌的产物，同时也是对唱艺术与哈萨克族民俗结合，审美情趣深层次的一种反映。

目前隆重举行的阿肯对唱会的全部过程是哈萨克族民俗的集中体现。确切地说，我们在阿肯对唱会上可以观赏到哈萨克族毡房文化、商贸活动、哈萨克族传统手工艺、哈萨克族的服装服饰、饮食种类、民族体育项目等。不仅如此，在阿肯对唱会上也集中了在喜庆场合举行的"撒礼"，祝福，赠骏马、长袍等古老习俗。阿肯对唱会，虽然这一类哈萨克族民俗与对唱艺术没有直接关系，但它们却是阿肯对唱会的组成部分。这些民俗和活动一方面反映了哈萨克族承前启后、保存民族色彩和价值的优良传统，另一方面也反映了传统民俗的更新形式。从中可见哈萨克族的古老民俗与新时代的发展趋势相结合，并且正日趋明显地受着市场和商品化的影响。

从内容方面来看，对唱无论旧新都渗入了大量民俗的因素。它就像对唱艺术的血液，使对唱的民族特色凸显而出。受草原文化的影响，每一首对唱诗都反映了草原风光和畜牧生活，散发着草原生活的气息。当然，我们还可以从古老的对唱中感受到哈萨克族古老的信仰痕迹。例如：火崇拜、对超自然力的崇拜、对自然界和祖先之灵的崇拜，关于对季节的认识，以及古代动荡不安生活的遗迹，古代社会关系，尤其部落结构和与之相关产生的认识等。在较早创作的个别宗教对唱中，曾系统地阐述了哈萨克族的伊斯兰教信仰；在古老的谜语对唱中，反映了哈萨克族对自然界的认识；在系谱对唱中讲述了祖先、部落氏族和子孙后代。关于道德规范、礼貌准则，也自然地渗入到哈萨克族阿肯对唱中。民间阿肯在对唱时往往以问候平安、打听来意为开头,若对唱一方违反这一规矩直接对唱,那么另一方就指责他不懂规矩和礼貌。哈萨克族的箴言艺术、说话习惯、语言文化也是对唱艺术的一大反映。

新中国成立以来,哈萨克族人民的对唱传统和对唱创作一直相传。多年来,在阿吾勒的婚礼、聚会、娱乐场合,人们常用民歌对唱,且丝毫没有减弱的迹象。目前的对唱艺术是古代对唱艺术传统的自然延续。它继承了古代对唱艺术的体裁特点、演唱形式、人民性和范例的养分,并体现出了与时俱进的特征。20 世纪 50~60 年代初,对唱传统在哈萨克族民间相当盛行。

阿肯对唱的真正开展和繁荣是在党的十一届三中全会以后,尤其是在 20 世纪 80 年代,阿肯对唱作为民间文化和传统艺术得到全面普及。中华人民共和国成立 30 周年时,阿勒泰地区的阿肯们在美丽的喀纳斯湖畔举行了对唱会,塔城地区的阿肯们在孔格尔窝巴地方举行了对唱会。1981 年 7 月,伊犁哈萨克自治州阿肯对唱会在新源县的一个美丽夏牧场举行。诗歌似洪流奔泻,将阿肯对唱推向一个高潮。此后,各地每年都举行阿肯对唱会。随着商品经济的发展,有时阿肯对唱会与草原的交易会、集市活动结合在一起。近年来,中国的哈萨克族阿肯们还跨出国界,与哈萨克斯坦的阿肯们对唱以显示本领。在阿吾勒、县镇、地区、州级隆重举行的阿肯对唱会上,产生了大量新的对唱诗。阿肯对唱水平提高,阿肯队伍不断成长壮大。对唱艺术不仅像以前一样促使民歌("哈拉民歌")大量产生,而且保存了在其艺术土壤培养阿肯的特征,成为现代哈萨克族民间文学中具有强大生命力、富于鲜明民族特色的主要体裁。

应当肯定,随着时代变革,科技和文化、文学的发展,以及人民文化水平的不断提高,阿肯对唱艺术也有了显著变化,首先,它的内容更新。从前,阿肯们往往以本部落的名义参加对唱,现在则赋予了新时代的精神。在阿肯对唱中,基本上是男阿肯和女阿肯对唱,这是历来相传的习惯。在从前的对唱中,由于妇女社会地位低下,女阿肯往往处于被动状况。现在不存在这种现象。在现代对唱中,阿肯们大多歌颂团结和睦、经济发展、故乡和时代进步,谈论社会问题,但也有揭露和批评。如《居玛别克和拉甫罕的对唱》就揭露了哈萨克族民间对婚姻和《婚姻法》的错误理解,批评了买卖婚姻现象。这对哈萨克族人民群众来说,既是一种宣传,更是一种教育。它体现了为社会主义、为人民服务的方向。因此说,阿肯们论及这一问题非常必要,也非常及时。

现在,阿肯对唱的组织、举行、传播比以往更科学,也更加合理,尤其是当地政府的介入和大力支持,为对唱注入了活力。阿肯对唱的地位得到提高,过去那种偶然、稀少对唱的状况改变。从前的对唱主要口头流传,流传过程中发生变异,而现在的对唱当即被记录、录音,并在电视屏幕实况播映,直接与广大人民群众见面。现代对唱广泛传播,促进了交流与发展,发挥着重大的美学作用,并使其舞台特征进一步得到彰显。

(节选:伊犁人民出版社,《哈萨克族阿肯弹唱》,2006 年 5 月版)

新疆儿童游戏——"斗鸡"

王力德

　　斗鸡是新疆地区一种极富西部野性和乐趣的少儿游戏，但并非李白诗句"君不能狸膏金距学斗鸡"中的那种斗鸡，那是鸡和鸡斗，头抹狸膏，足套金距互相斗。全国各地都是鸡和鸡斗，惟独在新疆的北疆是人和人斗（新疆的南疆也是鸡和鸡斗）。现在这种游戏已经快进历史博物馆了，故记之。

　　照《新疆汉语方言词典》的解释是：斗鸡是"儿童的一种徒手游戏。一条腿直立，另一条腿弯曲，抱在双手中，两人互相碰撞，抱着的脚着地为负。"

　　这个解释基本还行，但不十分确切。不是把弯曲腿"抱在双手中"，而是两手托起或抓牢弯曲腿，以利战斗时发力。"两人互相碰撞"就更含混了，其实最主要的"学问"就在这里边。

　　按说这种游戏和"鸡"没有什么关系，为什么叫做"斗鸡"呢？我想主要是把腿弯成 V 形互相战斗，颇有点像两只鸡用 V 形的尖嘴互相战斗，故名之。

　　为什么我们儿时能流行斗鸡而现在不流行？要斗鸡得具备三个条件：雪地、棉裤、不娇贵。雪地好理解，斗倒了摔不疼，不像现在校园一下雪就铲干净了。棉裤更要紧，互相撞不疼，那时新疆人人都穿肥厚保暖的棉裤，抓一把捏不着肉。如果像现在的孩子三九天还穿时髦的单裤就没法斗。不娇贵，是说我们那时家家都不计划生育，一大帮孩子，摔了碰了没人心疼,像现在个个儿都像小皇帝似的,斗倒一个,得出来俩家长跟你拼命,那就玩不成。

战 技

怎么斗?两人用膝盖"互相碰撞"这太低级太简单了,只是小孩玩艺儿,到了初中就得琢磨技艺。我回忆起码有以下几招儿:

"挑鸡",即在双方对峙中忽然将膝盖插在对方弯曲腿下面,猛力往上挑,使对方后仰摔倒。这是小个子对付大个子的绝招,平级对手之间也能用。当时我们班的崔金文可称得上是"挑鸡上将",与任何"鸡林高手"对阵都不在话下。有时两人都想使用挑鸡,都把膝盖往下插,那就看谁出腿快,灵活,爆发力好,膝盖互相兜着圈子跟对方绕,瞅准了一下就搞定。

"砸鸡",即用自己的膝盖从上往下猛砸对方的弯曲腿,将对方砸倒。这显然是大个子对付小个子的招数,如果是平级对手,那就看谁跳得高,砸得狠。这在足球中相当于英格兰的高举高打。

不过砸对方的腿只是"砸鸡"中的低级技术,高"鸡"者又另当别论了。比如我们班的韩大亮就堪称"众鸡将"中的"吕布"。有次两边对阵,各出一员大将捉对儿厮杀。对方出的是猛将多常山,绰号"公牛",力大无比,平日最羡慕"恨天无柄,恨地无环"的隋唐第一条好汉李元霸,只恨自己没生在唐朝。这边出的则是名将韩大亮,头戴东北胡子式大皮帽,威风凛凛。多常山稳守,韩天亮从老远出发,架着"鸡",单腿跨跳,几大步就冲到面前,高高跃起,以泰山压顶之势砸在多常山胸部,有点像英格兰的长传冲吊,以力取胜。砸得多常山连连倒退,但他到底不愧为"公牛",仍然架鸡不倒。韩大亮继续猛攻,一次比一次跳得高,砸得凶,大战三五回合,"公牛"终于被砸倒在地,爬起来后笑着比划道:"太老到(厉害)!太老到!都快上肩膀上了!谁也招不住啊!"

如果砸鸡战将恰好遇到挑鸡战将,那就胜负难定了。你从上面往下砸，他从下面往上挑，那就看谁技高一筹，谁的腿巴子硬了。但如果遇上像韩大亮这样的"高吊球"，一下砸在你胸脯上，再厉害的挑鸡也没咒念了。

还有一种"斗鸡"法，权且叫"磨鸡"，有点像意大利队的稳固防守。笑嘻嘻的红脸福将马锴最擅长此道，无论别人怎么斗他，碰或撞，挑或砸，斗得他转几个圈，摇摇晃晃不倒翁似的，他总是金鸡独立，笑嘻嘻跟你死磨硬缠，最后累得你连"鸡"也架不住，只有腿着地认输。这种战法要仗着支撑腿有力，底盘低，体重大，稳定性好。

另一种"斗鸡"法叫"套鸡"。当双方对峙时，把自己的弯曲腿伸展开，套住对方的膝盖，让对方无法施展无法逃脱。这一招有点像水浒女将一丈青扈三娘，看看斗不过男将，便轻舒粉臂抛出一个"红锦索"，其实就是一绳套儿，把对方拖下马来。

最后一种技法，可以称为"闪鸡"。能在对方猛冲上来的一瞬间，迅速侧闪，使对方扑空倒地，如果能趁机从侧面给冲锋者加一腿偷袭，则效果更佳。这种方法对付马锴没用，他不猛攻你，但对韩大亮式"长传冲吊"绝对是克星。虽然显得不那么磊落君子，但挺实用。总之要身轻腿快，灵活多变。

其实真斗起来，并非人人都是君子，动不动就动手推搡，这就相当于足球中的"手球"。虽然没有裁判予以制裁，但立刻会被对方骂为"急死沟子"或"草鸡沟子"，意思是不遵守体育道德。

也有同学斗得时间长了，已架不住"鸡"，趁人没看见偷偷放下战斗腿歇口气，这自然也属于"草鸡沟子"的违例范围。

战 术 战 略

以上只是单打独斗的技巧，我们一般是分为两军，进行团体较量。

集团作战有两种方式，有时在两阵对垒时，各出一将，进行张飞斗马超式的回合大战，但多数还是集团冲锋，在战术上有这样几种：

如果本方有韩大亮式的勇将，就可以让他一马当先冲阵，万马奔腾跟着冲杀，凭锐气将"敌人"冲个七零八落，先将对方主将"斩于马下"，剩下的残兵败将就不难收拾了。

如果本方多是马锴式的防守型战将，则避开敌人的冲阵，迂回包围，躲开勇将的攻击，专收拾小个儿兵丁。这就有点像游击战术：避实就虚，攻击薄弱环节，待弱旅被吃得差不多时，再对个别勇将群起而攻之，凭你有吕布之勇，也难敌刘关张三英。

战场运用也大有学问。我们基本上在教学楼和教师宿舍之间的操场上斗鸡。这操场极不规整，曲里拐弯，这就有许多地形可以利用。比如攻方希望拣狭窄地带展开攻击，使敌方无可逃遁，而逃方自然希望在开阔地带，好四散奔逃。实力较弱者最爱背靠墙壁或电线杆，以防对方背后袭击，而且即使从正面进攻也因有"靠山"而砸不倒。

我们初三时勤工俭学，分为车工、钳工、锻工、翻砂工等，于是斗鸡也有了新的帮派，锻工帮身高力大，难以抵挡，如"公牛"多常山之类；车工、钳工帮技高一筹，比如崔金文、马锴等都属于车钳工；翻砂工人多势众，但技术力量都差些，如我就属于翻砂帮。

益 处 多 多

照我的看法，斗鸡是一种极有益、极有趣的体育运动，它起码有以下好处：

一、勤俭节约。任何体育都少不了昂贵的器材，甚至连最简单的"打尜尜"也总得具备削好的尜尜和板子。只有斗鸡任何"器材"都不要，或者说任何人都已自带器材，只要从两腿直立状态改变姿势成金鸡独立，"攻击器材"就已突出在身体前方了。

二、减少斗殴。把男孩子好斗天性发泄在斗鸡大战中，正如洋人称足球是和平年代的战争一样。

三、全身运动。两腿、两手甚至腰部都在充分发力，眼观六路，耳听八方，大脑迅速作出判断，没一处闲着。金鸡独立——动态平衡，砸鸡——爆发力，挑鸡——技巧性，闪鸡——灵敏性，磨鸡——耐力……

四、培养对抗精神、集体竞争意识。

五、参与性、普及性好。是人有腿都能运动，不像足球、篮球限制上场人数，人越多越热闹。

六、安全系数高。棉裤肥厚，雪地松软，膝盖不疼，倒地没事，不像拳击打得鼻青脸肿。

七、规则明确，只要弯曲腿着地即负，争议少。

八、与"鸡和鸡斗"相比，新疆"人和人斗"的"斗鸡"更切合体育本义，更具锻炼价值、竞技价值和欣赏价值。

其实，现在国际上大部分体育项目都是从这类带点野性的儿童游戏或军事搏击中发展起来的，斗鸡这种项目如果能真的演化成竞技体育，其实大有发展潜力，只要有合适的护具、地毯和明确的规则就可以。

艺 术 宝 典

《十二木卡姆》——绝代佳人绝代歌

刘逊 刘迪

《十二木卡姆》之谜

《十二木卡姆》是东方音乐文化的无价之宝，它像蒙古族的《江格尔》、藏族的《格萨尔》、柯尔克孜族的《玛纳斯》一样，具有世界性的影响，是维吾尔音乐之母，是新疆这个"歌舞之乡"的象征，"是流传千余年的东方音乐历史上的巨大财富"。

木卡姆——也称马卡姆、玛卡玛，都是阿拉伯文的不同音译，是伊斯兰音乐中的一个特有名称，有"曲"、"调"、"古典音乐"等含义。作为伊斯兰音乐的共同财富，木卡姆分布地区很广，种类繁多。阿拉伯、波斯、土耳其、印度以及中亚等地区均有木卡姆，但就种类来说，目前在世界上新疆的木卡姆种类最多，结构形式也最完整。

相传，在维吾尔族祖先从事渔猎、畜牧生活时期就产生了在旷野、山间、草地即兴抒发感情的歌曲，这种歌曲叫做"博雅婉"，意思是"旷野之歌"，后来经不断融合，演变发展形成了组曲——木卡姆。

相对于传说,追溯木卡姆的历史渊源,则必须与曾兴盛一时的龟兹乐、于田乐等联系起来。中国的二十四史中记载了现在新疆(甚至延续到张骞及同伴们去过的西亚这一广大地区)的哈密地区有"摩诃兜勒"大曲的名称。这是公元前1世纪时的情况,它说明在这一地区,公元前木卡姆式的大曲就已经存在了。而汉武帝宫廷乐师李延年以"摩诃兜勒"大曲为基础创造了新声二十八解,更证明来自哈密的这个大曲是重要的乐曲。但是,很明显汉语中的"摩诃兜勒"这个词并不是意译,而是音译的。那么这到底是个什么词呢?它是不是和4世纪前后用龟兹文记述的《艾尔乃姆的故事》中所说的维多萨迦和他的5个徒弟的《玛卡－雅玛》乐曲中的玛卡一词有联系呢?是"玛哈都尔"——伟大的木卡姆吗?这无疑关系到木卡姆的起源问题。但这幅文化史上久远的景色至今仍然十分迷茫和模糊……

历史的车轮驶入10世纪之后,西域大地上相继出现了3位在伊斯兰音乐中堪称伟大神秘的人物:一个是法拉比(870~950年),一个是伊本·西纳(980～1037年),另一个是纳瓦依(144l～1501年)。他们对于以后《十二木卡姆》的形成可谓功勋卓著。

喀喇汗王朝时代的音乐家法拉比,编著了《音乐大全》等书,并模仿龟兹琵琶五弦,对乌德乐器(琵琶)进行了改革,在五弦琵琶的基础上把阿拉伯音乐提高了十八调。最重要的是,他把以前波斯、阿拉伯音乐通常用的九律延长到17种,形成了波斯、阿拉伯的典型乐系。

法拉比的学生,思想家伊本·西纳吸收了西突厥汗国以来突厥文化的营养,他通过苏美尔·巴比伦和摩尼教中重新崛起的将"十二"视为神圣的观念,以十二品律传统和以前歌曲音乐中的组合为基础,推出了十二套曲。到13世纪,阿塞拜疆的突厥人安勒乌尔买维首次把"木卡姆"一调作为十二套曲音乐体系提了出来。

察合台汗国时的撒马尔罕人纳瓦依,在法拉比和伊本·西纳所创的基础上更进一步,他把一系列木卡姆的名称如:等级、住地、地方,包括音调都作为双关词使用,甚至直接提出"木卡姆"就是声音的形式的观点。当16世纪来临的时候,一个美丽的姑娘和一段美丽的爱情故事的出现,使这种维吾尔古典音乐走入了高潮。

绝代佳人绝代歌

16世纪初,赛依德汗苏丹(1490~1533年)从正在崩溃的察合台汗国后裔手中夺取了政权,以叶尔羌为砥柱建立了赛依德王朝,史称叶尔羌汗国。自此,天山南部,巴尔喀什湖以东、以南,伊赛克湖,费尔干纳盆地等地区都归其统治,同时,在这个强大的汗国里也出现了自喀喇汗王朝之后的另一次文化繁荣。

1533年,赛依德汗死,其子阿不都热西提汗继位。阿不都热西提汗颇有才华,他不仅是个诗人,还是一个音乐家和书法家。相传,一次阿不都热西提汗率领大臣、官员、卫士,从首都叶尔羌出发沿着塔里木河河岸来到卡勒玛克戈壁,他们在那打了几天猎。每天夜晚,苏丹都要化装成农民,穿着破烂衣服,装出一副可怜样子,以一个投宿者的身份到乡村土屋里去借宿,借以体察民情。一天晚上,他来到一个颓垣断壁的土屋去借宿。这个屋的主人是个打柴人,名叫马合木提,他有个女儿叫阿曼尼莎汗。苏丹进去后,见墙角上挂着把弹拨尔,就请主人给弹几首乐曲。马合木提说:"我不会弹,这琴是我女儿的。"苏丹说:"那就请你女儿弹弹吧。"马合木提便让阿曼尼莎汗弹奏。阿曼尼莎汗拿起弹拨尔奏起"盘吉尔"木卡姆,并唱道:"我们的主啊,万分感谢你,你把一个公正的人封为国王,阿不都热西提汗为弱者穷人遮住炎阳……乃裴斯啊,要为神圣的胡大祈祷,如若不为公正的国王祷告,就要受到狠狠的惩罚……"她的弹唱异常绝妙,使苏丹感到万分惊奇。当她唱完,苏丹急忙问道:"名叫乃裴斯的诗人是谁? 这首格则勒是从哪儿学来的? "姑娘说:"难道我要背诵别人的格则勒不成? 我只读纳瓦依的诗。刚才演唱的是我自个写的,乃裴斯是我的笔名。"苏丹问姑娘有多大了,马合木提说

13 岁了。听到此话,苏丹更是惊叹不已。这中间,阿曼尼莎汗又站起来朗诵了几首诗。这些诗不仅写得深刻,而且文笔非常漂亮。苏丹不信是她写的,就对她说:"那么再写首诗给我看看。"于是姑娘拿起笔墨纸张,写了如下小诗句:"胡大啊,我面前的这个奴仆把我愚弄,今晚顿觉屋子里荆棘丛生。"苏丹笑了笑说:"相信我吧,但别讥笑。"接着他说:"我出去一会儿再来。"这时,苏丹已经深深地爱上了阿曼尼莎汗。他回到驻地后,把情况向大臣、官员说了一遍,然后头戴王冠,披上斗篷,准备了 10 头羊和茶叶、绸缎,又带了 4 个官员来到马合木提家里。他向主人公开了自己的身份,然后请求主人把女儿嫁给他。于是,阿曼尼莎汗就成为了叶尔羌汗国的王后。

阿曼尼莎汗美丽动人,从小爱好民间音乐、赛乃姆和麦西热甫,并对维吾尔古典诗歌有浓厚的兴趣,还擅长写诗、弹琴、唱歌。进入宫廷后,阿曼尼莎汗萌发了改革木卡姆的想法。阿不都热西提汗知道后,非常高兴并给予她极大的支持。在她开始工作后曾遭到依禅和卓穆罕默德·赛里甫的抵制,但却得到广大维吾尔族人民的支持。这时,阿不都热西提汗请木卡姆演唱家——高明的音乐大师喀迪尔汗加入到这项工作中,这样阿曼尼莎汗的工作便坚持了下来。

阿曼尼莎汗可谓是一个奇女子,她是从中亚突厥人民中间涌现出的著名诗人玖布吐莎伯克、娜蒂莱·热比亚、欧皖依斯等人中的佼佼者,她的有关妇女和品德方面的作品《美德》、美学作品《心灵的协商》和抒情诗集《精美的诗篇》都十分引人注目。但阿曼尼莎汗(1534~1567 年)的生命令人扼腕地短暂。正当她才华横溢的青年时期,在 34 岁时因生育而去世了。阿不都热西提汗深爱着他美丽多才的妻子,他为阿曼尼莎汗写了许多挽歌。在阿曼尼莎汗逝世不到 3 年的时候,阿不都热西提汗也追她而去。这段爱情故事和这位奇女子的事迹却随《十二木卡姆》的流传而为后人所传诵下来。

维吾尔木卡姆,经过 16 世纪的规范整理和定型直到 20 世纪,经历了 400 多年漫长岁月。在此期间，它虽然有了进一步的发展和完善，但是木卡姆的主体、形态、结构、排列顺序等，并没有发生根本性的变化，最终成为现在所说的不朽音乐——《十二木卡姆》，成为维吾尔族人民的骄傲。

十二个月亮

古维吾尔人崇尚黄道十二宫，于是他们取"十二"为吉祥数，加在木卡姆一词前，称为"十二木卡姆"。寓意在浩瀚的夜空，闪烁着亿万颗星星，其中最耀眼的要数十二个星座。维吾尔人也有无数的歌曲，其中最精华的要数《十二木卡姆》。

叶尔羌汗国时代的著名维吾尔族学者、诗人和音乐家喀迪尔汗·叶尔羌也高度地赞美《十二木卡姆》。他写道："当我弹心灵的琴，我的心底不是无际的乐园，那迷人的歌像百灵飞窜在麦西来甫乐曲中间。《十二木卡姆》套曲像是 12 个月亮照亮每个人的心田，不是你，也不是我，而是万众欢乐的源泉。"

天空有黄道十二宫，每个宫由 3 个星座组成，维吾尔的《十二木卡姆》，每个"木卡姆"也由 3 个部分组成，即：(1)琼拉克曼；(2)达斯坦；(3)麦西来甫。演出时均按此顺序进行。所谓"十二木卡姆"的十二套大组曲，它们的名称是：(1)拉克；(2)且比亚特；(3)木夏乌热克；(4)恰尔尕；(5)潘吉尕；(6)乌扎勒；(7)艾介姆；(8)奥夏克；(9)巴雅特；(10)纳瓦；(11)西尕；(12)依拉克。这十二套大组曲都有自己的音乐特色。乐曲中有序歌、叙诵歌曲、叙事组歌、舞蹈组歌、间奏曲等等，体裁多种多样，曲调极为丰富。伴奏的乐器有沙塔尔、弹拨尔、热瓦甫、手鼓、都它尔等。

《十二木卡姆》的歌词主要归功于察合台文化时代著名的诗人鲁特菲、纳瓦依、诺毕提、麦西热甫、依瓦依答、傅祖勒等人，自从阿曼尼莎汗将纳瓦依、傅祖勒等诗人的许多诗词填入木卡姆曲调，后继的木卡姆音乐家就不断地用纳瓦依、孜莱丽、麦西来甫等著名诗人的珍贵诗词来丰富《十二木卡姆》：如《拉克木卡姆序》唱的是纳瓦依的一首富有哲理性的政治抒情诗："爱的秘密，问那些离散两绝望的情人；享受的技巧，问那些掌握着幸运的人。爱情不贞，就是命运对我们的注定；欺骗和背信，问那些缺乏慈爱的人。时间的辛劳使我们消瘦又苍老，美丽的力量，问那些拥有青春的男女。孤独的滋味，富贵有权的人不懂；穷困的苦楚，流浪者了解得最深。弱者的处境——爱侣们只有等待死亡来临，谁能下死亡的判决，是那残横的暴君。被猜忌的爱侣们所感受的，好人不会知道，要请教我这样的坏人。朋友们！纳瓦依生活在爱的戈壁里，要知道他，去问那里来的旅群。"

《十二木卡姆》中的达斯坦部分的唱词，则是由民间叙事诗组成的。作为木卡姆中叙事音乐部分的达斯坦乐章，都是选自在民间广为流传的、产生过共同的艺术效果的民间传说、民间传奇和民间诗歌。《十二木卡姆》中就有《艾里甫与赛乃木》、《赛诺拜尔》、《迪拉热姆》、《巴巴·茹仙》等民间叙事中的代表性片断。

《十二木卡姆》在不同的历史时期里会有各自不同的歌词。在南疆边远村庄里，用相同的木卡姆音调唱着波斯歌谱的老人，在今天也常能见到。总的说来，《十二木卡姆》的歌词还都是古代诗人写的歌词，这些歌词使木卡姆这朵芳香四溢的鲜花更加娇艳，并且有无可比拟的娇容。

《十二木卡姆》在悠久的历史长河中，作为维吾尔人民心中的神圣的艺术之神，为人民提供了精神力量和美学享受。从前，它以不可言状的魅力拨动着人们的心弦，同人们的心理发生共鸣而合为一体，随着时代的前进，《十二木卡姆》将更具光彩。

龟兹佛教壁画艺术

文 /M·布萨格里[意]

译 / 朱新光

　　如果不是最近在新疆库车以东通往阿克苏途中一个小而重要的克孜尔明屋千佛洞遗址里的最新发现，我们对龟兹壁画的了解很大程度上局限于 20 世纪初由欧洲和日本探险家，特别是德国探险者所获得的资料上。

　　库车是丝绸之路上的重镇，又是各种语言荟萃之地，很多文学作品深受印度文化的影响，在中亚历史上起到重要作用。它形成和发展了一个多元化的古老文明，并通过众多墓碑艺术表现出来。从现存壁画判断，这些墓碑艺术大多来自商业中心附近的龟兹和库木吐拉寺院和石窟。龟兹(今库车)艺术的发展与其邻近中心(东西部)联系密切，对龟兹佛教艺术研究取决于这些石窟壁画的描绘情况。它包括其西边的仅存有少数残画的图木舒克石窟群。该石窟群中的一些壁画上还保存鲜明的色彩和清晰的图案，其艺术风格与龟兹壁画明显不同。与龟兹东接的焉耆，在语言上与龟兹不同，虽然两者的壁画风格相近，但在政治上经常处于敌对状态。纵观龟兹历史，龟兹是一个强烈主张自治，甚至扩张的西域大国，在反对敌对势力的战争中，造就了它非凡的勇气和持之以恒的精神。龟兹政治和文化背景说明了它的好客。7 世纪中叶，它接受了为躲避伊斯兰的毁灭而逃亡到此的萨珊帝国的伊朗人。于是，R·格诺斯特把龟兹称为萨珊帝国的"一个真正的避难所"。不难理解，由于萨珊王朝的贵族曾在龟兹流放过,可能对其艺术发展产生一定影响。同样由于受中原影响(龟兹在 658 年成为唐朝在塔里木盆地的中心),库木吐拉的两个石窟内的佛教壁画艺术带有中原特色便可得到解释。但这些具有伊朗和中原特色之壁画也可能出于别的原因。不管它带有多么强烈的外来烙印,都应属于龟兹人的杰作。

龟兹在宗教上和巴米扬一样,是小乘佛教中心,宗教信仰既有大乘佛教,也有小乘佛教。佛教说出世部长期在龟兹占统治地位,导致大量印度和伊朗僧人涌入龟兹,对龟兹佛教艺术发展产生影响。我们从龟兹和克孜尔明屋所获得的没有确定时期的佛经残卷得到佐证。龟兹佛教艺术的起源和发展与人们通常接受的说法之间距离较大。壁画形式突出强调色彩的明暗效果,人物肖像用图解方式进行处理,看上去像是由几何图形组成。尽管有龟兹画家的雕琢痕迹,难道我们不能从中联想到敦煌壁画有关魏朝和隋朝壁画艺术的创作手法吗?我们还不能确定它们之间相似性是否与中国内地的影响有关(从历史角度看如此)?也许这是两个遵循相似发展过程却彼此独立的中心?或是与我们在米兰所见的绘画手法有关联,具有相同背景而发展起来的两个中心?这个问题有待于进一步研究。然而关键是要对龟兹和中亚艺术进行全面研究,目前最困难的是这些壁画本身分期难以判定。

一般认为龟兹壁画始于 4 世纪,一直延续至 8 世纪,甚至更晚一些。壁画发展的整个时期可分为两个阶段,第一阶段为印度－伊朗时期,大约在 500 年最为繁盛。第二阶段主要为伊朗时期,在 600~650 年达到鼎盛时期。在第二阶段中,即 6 世纪中叶还可划分出一个过渡时期,正如我们前面所述。必须承认,在库木吐拉石窟中的两个窟曾在 7~8 世纪,甚至至 9 世纪,其壁画形式受到中国内地影响。龟兹壁画容量之大,仅做概要划分是不够的,我们还需要加一些限定因素。如果抛开形式,就不同壁画来说,其表现也是淋漓尽致的。当然每一位画家本身因素也应考虑,许多画家在彩色木匾上的签名并不像印度画家给予一个神秘的匿名，或像伊朗画家隐藏在所表现主题之后。而且，这组壁画在同一个阶段里其形式也不尽相同，表明它们之间并非协同一致地发展，我们在两个阶段之间人为划分只是便于研究而已。

第一阶段的佛教壁画明显地表现出印度风格。如在与信仰和宗派有关方面，西洋象棋子上及带有萨珊王朝特征的人物肖像上均有反映。龟兹石窟壁画中有一幅绘有一个活泼的牧童靠在一根棍棒上的形象即是很好的例子。这个穿着似乎由同心圆曲线图案衣饰的牧童全神贯注的情景使人回想起在斯瓦特山谷看到的明勾娃雕刻特点的形式。另一幅同样与信仰有关的画为一个苦行僧在用树叶装饰的禅室里修行的情景，禅室结构与在龟兹的"航海者窟"中见到的一样，均为穹窿形或垂吊形。壁画上人物细长的梦眼（与上述牧童壁画为同一时期）表现出明显的印度风格。在图像处理上不仅限于用线条刻画人物的头发和衣饰，还用色彩的明暗来勾画，并刻画出大把的胡须及肩部的披巾装束。

如果我们把上述年轻僧人肖像与其他神秘的大迦叶僧人肖像作一番比较的话，便能清楚地看到龟兹壁画第一阶段与第二阶段的不同。后者源于所谓的龟兹大像窟，它至少比前面提到的两幅壁画晚一个世纪。在壁画风格上，由于其勾划出的眉、双唇、双下巴及眼睛形状，它单调的结构使整个画面更加肃穆。壁画用花点缀以衬托背景，使人联想到拜占庭艺术的僧侣图。伊朗人对龟兹壁画艺术影响日趋深入，几乎找不到印度绘画风格的痕迹，整个画面充满特殊灵性，令人敬畏的气氛。大迦叶肖像的面部特征刻画较少，这在其他反映僧人修行的壁画中也有重现。这种形式的壁画显示一个不断增长的趋势，并且常常走向另一个极端。长期苦行修炼使僧人身体极度虚弱，骨瘦如柴，其人体结构与一般僧人和供养人形象成鲜明对照，（僧人）骨架图和把身体变形成骨架图都源于传统的教义。前者也许由于生来如此，而后者则是犍陀罗教派的宗旨。该种类型壁画在龟兹许多壁画和雕刻艺术中常见，也出现在图木舒克的一些不太重要的雕刻作品中。如裸女和一个苦行僧跳舞图，僧人对面的(苦行僧)头骨打禅图等。后者(苦行僧打禅图)是龟兹壁画中的杰作之一，与纳维夏杜石窟壁画相比更具有鲜明的风格，称得上是龟兹壁画艺术第一阶段的代表作。它完全不同于当时当地绘画风格的表现方式，在空间乃至细节上都不同于大型绘画。因此，在同石窟壁画上，飞天与僧人在形式上差异很大，正如我们在阿犍特绘画中所发现的相似结构却因画家个性之不同，使其壁画表现出不同风格。该幅壁画上飞天细长的眼睛和特殊手法处理的水漩涡(这在玛斯苏尔雕刻中先前出现过：瓦哈萨佳他卡的佛塔栏杆上的急风雕刻)，还有用线条勾勒的部分都表现出印度绘画风格。我们还未能断定这幅僧人打禅图的时期，但可以肯定龟兹壁画艺术在形式上更直接来源于某种风格设计的印度化阶段。这一阶段除了包含一部分印度成分，其发展与伊朗萨珊王朝时期的绘画艺术相似，这一现象在其他艺术中亦常有。

但是，龟兹壁画艺术在创作构思和空间处理上仍与其他绘画形式不同。龟兹石窟有一幅女神及陪伴的伎乐图壁画，其属于第二阶段。尽管在画技和结构上保留许多印度绘画的风格，该壁画无疑是龟兹壁画中的佼佼者。它运用一种象征手法，这种手法应归功于印度，但与其有很大区别。最重要是在空间安排上就不一样。该幅壁画的空间是靠一特别装饰物来表现，其背景点缀着繁星，像雨点散落的花朵和时隐时现的果实等。女神和伎乐女在一个鲜花盛开的树下千姿百态，使壁画表达的主题更加和谐，画中的竖琴超出她们头顶的光环，构成巨大的双曲线环绕着她们，使壁画的主题笼罩在一抽象几何图像中，增加了其统一和谐调。另一文献，画工用简略的笔调画出她们佩戴的巨大颈饰(项链)，使壁画呈现一种虚幻感。画中没有在用笔上简化人物，而是运用不同的色彩，使其中一人与背景色调相同，达到融为一体的效果。

这一成就产生了一种不同一般的装饰感觉和一种不同于印度风格的抽象空间的构思。有时还可发现龟兹怪诞风景画派的作品。他们常以人物所构成的色块来削弱其主题，而且有许多与敦煌壁画风格相一致的壁画。其他一些壁画被分成许多著作形图案。这种形式起源古老,敦煌壁画已采用该方式,并且在早期伊斯兰艺术中也多有采纳,后来的建筑艺术只作为一种背景在人物画中出现,并不用框架把它们框住。这也是与印度画相异之处。在龟兹壁画中表现出人们总是从科学透视角度出发,尽管完全凭观察和经验去绘画,但能很好地把它们组合起来。在同样壁画中,这些建筑特征可能只是为了使某些重要场景在空间上协调一致,壁画中的斜线不再按透视学原理绘制。在龟兹壁画第一阶段里,人物肖像经常用犍陀罗的浅浮雕方式,按直线排列,排列变化同时运用正面、半侧面、侧面像的画法,使其画在空间上不显得太死板。这种安排我们可在"持剑者窟"壁画中见到,它不同于我们所见到的拜占庭艺术及供养人像。

综上所述,龟兹壁画第一阶段与第二阶段的形式明显不同,色彩和空间结构的不同安排构成两个阶段的区别。实际上,壁画的用色,首先用色的方法是从属于空间的布局。因此在不断创作过程和中间阶段可见壁画风格的缓慢转变。壁画中启发性的故事和象征性成分与现实距离越来越远,倾向于宗教思想活动,导致神秘主义,这是由于龟兹宗教思想和社会结构方面发生变化的结果。

吐鲁番——艺术圣地

文 /M·布萨格里[意]

译 / 梁红星　辛　华

　　匈奴统治时期，吐鲁番地区就是游牧汗国和中原帝国的争夺之地，于是才上演了一幕幕民族兴衰和政治变迁的历史画卷。这影响着吐鲁番各种艺术的发展。这里我们可以感受到汉文化的深刻影响，宗教的演变也在遗存的艺术残片上打下了烙印。佛教、摩尼教、景教以及后来复兴的佛教都与吐鲁番的肖像画法及艺术风格的变化密切相关。的确，佛教在这里存在的时间更长久些。在伊斯兰势力横扫吐鲁番周边之时，佛教在吐鲁番绿洲的影响仍在继续。这不得不归功于回鹘人对佛教的信仰及其统治势力。此地的佛教一直至 15 世纪初还依然存在。在吐鲁番绿洲错综复杂的艺术中，包括宗教的和平民的石碑，还有许多的瞭望塔、城堡和宫殿都与回鹘人紧密相联。这些都可以追溯到亦都护和高昌城时期。在木头沟、柏孜克里克和胜金口都有宗教艺术的最好的例证。在这些地区，汉文化的影响程度不同，如木头沟保留了许多伊朗和印度的文化特色。因为它直接受到了龟兹和图木舒克的僧侣信奉摩诃衍那佛教的影响。同时，在柏孜克里克，密宗的影响占主流，但汉文化的影响广泛而深入。在此它形成了一套自己独特的肖像绘画艺术手法，比库木吐拉的艺术复杂而丰富多彩。在伊朗文化和汉文化的相互影响下，吐鲁番成了一个纽带，它把前伊斯兰教伊朗的艺术情趣和东亚的美学思想连接了起来。这种综合的艺术在不同的历史进程中因每一地区的不同而表现形式也不完全相同。

根据 Hackin 的著作，柏孜克里克的艺术可以分为三个阶段。第一阶段是在 7~8 世纪，那时是佛教占统治地位，龟兹就受到了这种影响。唐朝的绘画风格当时成了最流行的时尚。第二阶段大约在 9 世纪，回鹘人的摩尼教占统治地位，同时还夹杂着伊朗文化的影响。第三个阶段是 10~11 世纪，或者更晚。那时佛教虽在社会上占统治地位，但已一天天衰落下来。在某些寺庙里还能找到那个时期直接反映密宗众神们的艺术作品。而同一时期的木头沟，虽临近柏孜克里克，却呈现了另一种完全不同的艺术风格。在此处，汉文化的影响不占统治地位。我们从佛陀的坐法以及菩萨手持花瓶可以看出，这完全是一派印度风格。这主题与摩诃衍那佛教的传说有关。从环绕佛陀的光环和一个供养人的发型上，我们可以看到克孜尔佛教艺术和伊朗佛教艺术的交替影响。我们对吐鲁番的佛教艺术特征所做的这个介绍，也许对考察仅存的一些绘画有所帮助。这些艺术珍品一部分现藏在柏林的国立博物馆里，一部分收藏在新德里国立博物馆中。

最能说明西方艺术对吐鲁番艺术影响的实证是从高昌找到的一幅壁画。此画是 7~8 世纪的作品。现藏柏林国立博物馆内。这幅画描绘的是在屋檐下的一个佛陀的头像。那双眉眼的形状及服饰，和图木舒克的雕塑非常相像。西方的象征手法以种种方式表现了出来。这幅从高昌找到的佛陀的像，刻画细致，表现了佛陷入沉思。高昌被叫做"亦都护城"，乃是回鹘人为纪念他们的一位英雄而加以命名的。这或许是回鹘人的佛教绘画艺术的早期的实证。按 Hackin 的划分，它属于第二阶段——印度伊朗的风格。佛陀的头顶是一轮椭圆形的光环，在上面是设计非凡的屋檐。

还有一幅壁画描绘的是悉达多王子"伟大的启程"。从画的左边可看到王子的一部分身影。他跨上他可爱的马，离开家园去四处漂泊。我们从马头的下面可以看到一个半人半神的前额和竖立的头发。在画的底部还可以看到另一个类似的半人半神的残片。从画上我们可以看到眼睛和眉毛的形状,与在高昌的那幅佛陀头像的画法非常相似。这或许是回鹘人的调色艺术的发展,后来又以写实手法加以运用。这幅画的所属时期是9世纪。

吐鲁番有很多描绘王子及其家族的画像,它们通常都挂在洞窟的入口处和甬道上。有一幅画画在画布上,高昌出土,现收藏柏林国立博物馆。布的两面都画着同一个回鹘王子。像所有的还愿横幅一样,它由3个部分组成。顶部三角形的上面画的是一尊坐佛,底部由一些长方形的布条连着一根棍子支撑着横幅。这位贵族王子一头长发,身着非常美丽的长袍,上面织有大型花卉图案。这种长袖、圆领长袍是回鹘国一种典型的服饰。它长及脚,用腰带一系,前面还绣有长方形的装饰品。长袍一侧有一缝,露出一只过膝的黑色长统靴子,王子手持花朵。和柏孜克里克壁画上的回鹘王子、公主相比,这位蹲坐着的瘦小王子的确是一个奇怪的反差。

在柏孜克里克9号窟中,有一幅壁画真实地描绘出一个哀悼的场面。大约是9世纪的作品,现收藏在新德里国立博物馆。它画出了人们对佛陀去世的哀悼。其中有宗教人士、王子们,以及来自阿拉伯、伊朗、中原等地的君主和使节。它表明了当时佛教信仰的普遍性。12号窟里,又一幅壁画,描绘了乐师们和哀悼者的形象。

吐鲁番绿洲还是信奉摩尼教和景教的地区。德国的4个考察队曾在吐鲁番找到了许多实证,其中包括大量的手稿。这些手稿一些有插图,一些没有。吐鲁番的多数小画像都是用黄金和其他不透明的颜料制成。题材均选自摩尼教的经书。这些作者很可能是粟特人。摩尼教植根于古伊朗的二元论,并且吸取了佛教的因果论和基督教的学说。其哲学思想在艺术上得到了充分表现。现存在柏林的藏品中就有摩尼教最大画像的残片,两面都绘画,一面是教堂里的仪式,背景中有一主要人物,头已被毁,看上去像一个地位很高的摩尼教士。他身穿法衣,前面跪着一位王子，也或许是国王，身后站着 3 名侍从。此画的前景描绘的是印度的诸神。画的左边是两名伊朗摩尼神。小画像的另一面描绘的是宗教庆典。那是有名的 Bema 节，每年的摩尼殉难日都举行一次。这幅画说明，尽管当时肖像绘画是摩尼教的艺术，但由于宗教间的密切联系，因此也吸收了佛教和其他印度宗教的艺术形式。这种肖像画很快就以新的手法再现并赋予了新的意义。总之，印度和伊朗的文化在吐鲁番绿洲的交融最充分地说明了这一点：两种文化的交汇，产生了又一种新颖的艺术风格，这种风格向西流传，对后来的伊斯兰艺术产生了深远的影响。

在吐鲁番还有一些其他地方，包括胜金口和吐峪沟，也和高昌一样，曾是中亚佛教艺术的中心地带。胜金口的壁画就是各种艺术流派影响下的一种综合性的艺术。克莱门兹以及德国、法国的考察队都到过吐峪沟。斯坦因在那里也发现了许多雕像的残片，形状各异，大小不一，包括大量的头的部分和项链般的装饰物。在屋顶的一幅画，约 6 世纪的作品，画着一个坐着的菩萨，他被一束束花卉包围着，和吐鲁番寺庙里的图案完全一样。

吐鲁番艺术的主要贡献是它的大众化和多样性。许多艺术潮流在这里汇集，然后将它们的影响融入佛教艺术中去。像片治肯特人的衣饰及款式，明显地与粟特人的艺术有关。从柏孜克里克、木头沟的佛教艺术和高昌的基督教艺术的比较中我们可找出它们的差异来。吐鲁番的艺术风格在某种程度上是由各种宗教艺术的发展而决定的。无疑，佛教为艺术家们提供了一个使其充分发挥才干的领域，这是各民族的宗教的共同经历，同时也是一笔巨大的财富。在吐鲁番周边地区的艺术活动日渐衰落以至灭亡的时候，吐鲁番却是中亚最后一个保持着生生不息的艺术创造力的地区。

克孜尔壁画中的人体艺术

王功恪　　王建林

希腊人体艺术的影子

有智者说过,世间最美的莫过于人体之美。在克孜尔壁画中,众多的裸体特别是女性裸体形象十分引人注目,它不但反映了当时龟兹民族的历史文化、社会生活内容,而且与佛教教义、佛教艺术结合得十分自然。

深受犍陀罗艺术影响的龟兹人体艺术,追本溯源要延伸到古希腊艺术史。在古希腊,人体是最值得人们钟爱的对象。古希腊艺术史中曾载有雅典艺妓芙丽娜因美而获罪、又因美而释罪的有趣故事。

以摄人的美貌而闻名全城的雅典美人芙丽娜,由于经常被画家和雕塑家们请去做模特儿,竟以违反教规和有伤风化的罪名而成为被告。在法庭上,所有的陪审员都怒不可遏地斥责她为万恶之源,激愤的人群大嚷大叫:"处死她,处死她!"严厉的法官已决定将她处以极刑,死罪似乎已成定局。就在这千钧一发的时刻,芙丽娜的辩护人基彼里德慢慢地揭去她身上紫红色长衣。蓦然间,法官和沸腾的人群惊呆了,法庭上顿时鸦雀无声。原来,芙丽娜紫红色的长衣下面,没有穿任何内衣,此刻完全暴露出她修长、丰腴、洁白而光彩夺目的身体。陪审员们一个个目瞪口呆,他们无法掩饰自己的惊讶和颤悸——美妙绝伦!美得超出了他们的想象,美得任何一位只要还是人的高级动物都无法不由衷地赞叹。

"我们没有理由把上帝赋予人类的绝伦精品毁灭掉!"无需更多的

辩护，基彼里德仅此一言。随着一阵阵的惊叹，刚才一个个满腔怒火的陪审员，包括原告在内都默不作声了，艺伎芙丽娜被宣告无罪释放。

裸裎是神圣的，芙丽娜的案例昭示着人体美的胜利。

法国文艺理论家丹纳在《艺术哲学》中写道：几乎所有与古希腊为邻的民族，都以裸体为羞，只有古希腊人毫不介意地脱掉衣服参加角斗与竞走。在斯巴达，青年女子锻炼的时候也差不多是裸体。

古希腊瓶画里奥林匹斯山的神和荷马史诗中的英雄们，赤裸着矫健的躯体在搏斗，在征服，在欢舞，在恋爱……这是对男性的勇猛和力量、女性的典雅和美丽的赞歌。古希腊的画师们以单纯优美的线条所勾勒的画面犹如牧笛般欢快明朗，奏出了人类童年时代生活纯洁无瑕的乐章。

罗马时代，酒神祭大都在庙中举行，这时的舞蹈是带有象征性的。男女演员们都赤身裸体在祭坛前吹打乐器翩翩起舞……宗教的虔诚使人们对裸裎也视为神圣。他们认为娱乐神祇的最好方式，莫过于在神的面前展示那俊美娇艳的胴体，表现那健康的体魄和力量。

龟兹艺术家汲取了古希腊和犍陀罗艺术的精髓，他们抓住了人类感受最亲切、最微妙、最能触发激情的视觉对象，以肉体——灵魂寄托的生命实体为对象，表达了他们对佛陀、菩萨、飞天的崇敬，对自由的向往和对自然的钟爱之情。裸体审美也就成为了龟兹民族的风范。裸体艺术的光辉照亮了龟兹石窟，成了丝路文明发达的一个象征。

克孜尔石窟把希腊人体艺术美推到了新的境界，称得上是一个多彩的人体艺术画廊。这里遗存的佛教故事和世俗生活的裸体形态数以千计。龟兹人以大胆创新的精神和非凡的勇气，为世界艺术史留下了一道十分靓丽的风景线。

爱意绵绵的音乐女神

佛说法，在佛经记载中是一件了不起的大事，因为佛要把深刻的道理讲给沉迷的人们听，以唤醒他们并带给他们天国的幸福。这是一个幻想的奇丽的世界，因而在说法讲到微妙之处，常常伴有音乐、歌舞，天人伎乐会从各个方面涌向画面，形成一个规模不小的乐队。这个乐队的成员常常半裸或全裸，既有男，又有女，而且往往男女成对。克孜尔38窟左右壁《说法图》上方带状的十四组会伎乐（或称乐神）就是一男一女配搭在一起的典型例证。其他《说法图》中的男女乐神相对来说更重情趣，或站或坐，彼此相偎，在薄而透明的纱衣下显现出来的人体十分健美。

除《说法图》以外，一般在洞窟后室涅槃像座或壁画的旁边也有这种情人般的男女乐神，而且单独形成画面，较之《说法图》中出现的造型更优美，裸体艺术的味道也更足。以163窟后室左壁为例：女裸上身，带胸罩，弹箜篌，交脚而立，肩、胸、胯部都有较大的扭动，姿态柔媚。男全裸，佩璎珞，披帛带，伏女肩上，与女絮谈，生活气息浓郁。20世纪初，德国探险队格伦威德尔和勒柯克"光顾"克孜尔石窟的时候，十分惊讶这些形式完美的杰作，遂剥走了其中最精美的画幅。

关于这些乐神的命名，通常根据佛经把男像称乾闼婆，为天龙八部之一；女像可能是乾闼婆的妻子阿布沙罗斯，传说她亦善乐器歌舞，与乾闼婆恰成一对。克孜尔壁画中的伎乐常成双成对，原因即或在此。外国学者把他们名之为"女神和天国的乐师"，大概也是这个意思。但它为什么和佛涅槃的图像放在一起？二者之间有什么联系呢？我们知道，佛教，特别是其中的小乘教派，是把涅槃当做解脱的最后一步来完成的，似不是一件痛苦的事。《大般涅槃经》卷13圣行品第19说："诸行无常，是生来法……生灭灭矣，寂灭为乐。"所以表现佛涅槃，除了弟子举哀，有时有演乐队场面。乾闼婆和他身边的女像很可能就是作为这场宗教仪式的乐师身份出现的。

163窟右道壁端的《佛度化乐神善爱故事画》，画上有一对情人般男女。故事讲述的是乐神善爱自恃演奏技艺高超，常傲慢无理，佛涅槃前化作一女乐神前来与其比赛演奏箜篌，演技远胜善爱。然后佛现出本形,善爱深知悔过,于是礼佛听法,皈依佛教。图中右侧为善爱,左侧白肤色者为女乐神。人物线条如行云流水,笔法流畅,表情传神,可谓身心完美的统一。

菩萨也是裸女

克孜尔石窟壁画中的《传法图》相当普遍,比较常见的有两种:一种以连续方格的形式出现,幅面小,场面也小;另一种以通壁壁画的形式出现,场面大,气氛也较连续方格为庄重。但一壁之中多分成3组或5组,各成单元。每单元内容大体相同:佛居中,左右听法诸菩萨、比丘、婆罗门、伎乐。值得注意的是,在佛脚下常横卧一全裸女子,闭目锁眉,似不胜痛苦状,不详其内容。德国学者把她称为"死去的女优"。8窟、38窟、98窟、163窟都有这种图像,格伦威德尔和勒柯克剥走的壁画中亦有此类内容。

由于《说法图》的佛座两侧,常有全裸或半裸的女子交脚而坐,双掌相合作听法状,姿态十分优美,故名之为"闻法菩萨"。有时闻法菩萨亦常与上述之卧裸女结合在一起,成为一种固定的图式,或谓闻法菩萨与裸女在内容上有某种关系,亦未可知。

供养菩萨实际上也是裸女,不过出现的场合与闻法菩萨不一样,它一般在正壁龛的两侧,以供养的形式出现。

风情万种的舞蹈菩萨

《说法图》中的舞蹈菩萨几乎全裸,仅着臂环或脚镯一类的饰品,此外便是用以助舞的绸带。这类舞女虽说是天宫乐队中的小角色,但其娇美的舞姿却把她们提到了"明星"的地位。

佛经中把天国描述成一方净土,这是一个幻想的奇丽世界。这个世界鸟语花香,歌舞升平,充满了博爱、幸福。既然是这样一个美好的世界,那么乐舞是必不可少的了,所以在龟兹石窟中,不论是说法图、因缘故事,还是佛传故事、本生故事和其他内容的画面中,常有全裸或半裸的乐舞菩萨、飞天、天宫伎乐或是单一,或是成双成对地出现。如克孜尔8窟中的《舞师女作比丘尼》讲的是某舞师的女儿聪明美丽,颇善歌舞而又轻浮傲慢,后被佛度化出家为尼。画面表现舞师女在佛面前歌舞,全身赤裸,仅有披帛饰身,显示出婀娜的身姿。她左手托起,右手弯肘呈下推状,双脚交叉,出胯扭腰,非常诱人。这幅画与被誉为"舞神"的101窟裸女相对照,画中裸女的形态舞姿几乎无异,不同的是前者头部微侧,目视右方,如同动作协调、舞姿优美的双人舞。175窟《五趣轮回图》中,一裸体舞女,舞姿优美,动作强烈,较高跨度的跳跃,可和当代芭蕾舞媲美。从画面上看其跳跃向右方,但头部却回转,顾盼在面交足而坐、怀抱箜篌、双手作节拍状与舞女舞步相合的半裸者,其动作配合默契,仿佛能从画面上感受到舞姿的柔美和节拍旋律的变化,相当传神。161窟中有一对相互偎依的裸体伎乐菩萨,一个鼓腮吹笛,另一个双手抱排箫等待着随时吹奏。其用笔细腻,造型优美,是众多伎乐菩萨中的佼佼者。76窟降魔图中的裸女,左手呈"剑指"指向佛身,右手叉腰,双脚蹉步,扭动着臀部。38窟前壁窟门上方说法图右侧有一全裸菩萨,身披绿色飘带,挂一长璎珞,身体洁净丰润,微转头部,双目略下视,在虔心听法,似有所悟,情不自禁地舞动起双臂。这些千姿百态的舞姿,使观者眼花缭乱,美不胜收。

83窟的《仙道王与王后乐舞图》,故事大意是仙道王善弹箜篌,月光王后擅长舞蹈。有一次跳舞时,仙道王看到了王后将要命终的预兆。国王坐在有靠背的高座上,其身后有一箜篌。国王前面是手执飘带轻歌曼舞的月光王后。王后赤身裸体,身材苗条,手腕与脚腕处带镯铃,左腿后翘,躯体前倾,突出了双乳,双手舞动彩巾,姿态柔美,楚楚动人。这是一幅集迷人的裸体艺术与令人倾倒的龟兹舞蹈于一体的美术精品。

龟兹舞蹈典雅优美,动感强烈,又有碗舞、花巾舞等极具地方民族特色的民间通俗舞。不仅舞曲富有西域特色,而且造型生动,特技惊人,剧情复杂，服饰华丽，是新疆和中亚民族舞蹈创作取之不尽的艺术源泉，对中原、漠北、日本、朝鲜及东南亚的舞蹈产生了巨大影响，在世界舞蹈史上留下了光辉的篇章。

佛成道前的故事

前面所举的几类裸体像属佛成道后的故事，佛成道前还作太子时的图画中，也有一些有趣的故事。据佛经记载，当佛还是太子的时候，因看到现实生活中种种苦恼而决心出家。其父净饭王为留他继承王位，便有意在其周围造成一个享乐的环境，使他忘掉一切。《佛本行集经》曾记述其情况："……复教宫内，严加约敕。诸采女等，昼夜莫停，奏诸音乐，显现一切娱乐之事，所有女人幻惑之能，悉皆显现。"《娱乐太子图》描绘的就是这一情节。可是，这种图像在克孜尔现存的壁画中已属少见。118窟《娱乐太子图》，画中绘有20个人物，未出家的太子居中，左侧有9个宫女，着紧身胸衣，袒臂吹箫、击掌、逗鸟，姿态妖媚，气氛热烈。靠近太子的是一全裸宫女，用手托自己的乳房，上身前倾逼近太子，有明显引诱之意，而太子头转向左侧，不屑一顾，漠然置之。两个人物的神情与动态，把画面主题推向了高潮。一冷一热，截然不同，反衬出太子不受诱惑、坚定出家的信念，赞扬佛祖在出家之前非凡超人的精神风范。这幅画无论从构图、气氛以及人物形象都十分完美，是克孜尔壁画裸体画之绝品。

克孜尔石窟壁画表现佛成道前"看破红尘"的段落，除《娱乐太子图》外，《耶输陀罗入梦》也有裸体形象。故事大意是，当悉达多太子产生出家的念头之后，某晚，他看到宫女和妻子耶输陀罗沉睡以后失态的身体，更坚定了出走的决心。于是当夜便偷出宫门，让马车夫牵来名叫犍陟的良马，由4位天神捧起马足，逾城而去。110窟的同名壁画却着重表现耶输陀罗和宫女熟睡以后袒身露体的体态，用以反衬一旁冷静观察、托腮沉思的太子深邃的思想，所以裸体非常鲜明。在这里，裸体是因故事内容而有意安排的。

克孜尔壁画佛传故事中不少描写太子降生的图画也有裸体。无忧树下，摩耶夫人扶在侍女肩上，双腿交叉站立，右臂扬起，太子从她臂下肋间诞生，上身因之微向右倾。姿态从容、高雅，完全是舞蹈动作。在这组人物的旁边，同样以动人的姿势站立着的是裸体的年轻太子。他和他的母亲摩耶夫人在画家的彩笔下，人体的形式得到了充分的表现。175窟后室右壁和99窟左道外壁有比较完整的画面。

在《太子降生图》中，龟兹艺术家充分展示了摩耶夫人的裸体美，在绘画艺术上比希腊人走得更远。他们一再反复描绘裸体的摩耶夫人。因为据佛经记载，摩耶夫人所以能生育"佛"这样一位伟大的圣哲，除她高贵的品质教养外，还在于她集中了人世间女性最完美的体态：

她正当如花的妙龄，艳丽无双。她有黑蜂似的头发，纤细的手足，迦邻陀衣似的柔美身体，青莲嫩瓣似的明眸，曲如彩虹的玉臂，频婆果（相思果）似的朱唇，须摩那（茉莉）似的皓齿，弓形的腹，深藏的脐，坚实丰满的肥大臀部，象牙似的美好光润的大腿，羚羊似的小腿，玫瑰胶脂似的手掌脚掌。

透过他们描绘摩耶夫人那种运用自如、圆润的线条，仿佛能感觉到晶莹光洁的富有弹性的肉体的真实存在，使人联想起古希腊雕刻家柏拉克西特列斯以他独有的细腻手法创造的《尼多斯的美人》。

克孜尔76窟壁画《降三魔女》中的裸体最无掩饰。《降三魔女》画面即表现三女变成三个"老母"的情节。

传说佛在修道的时候，魔王波旬嫉惧佛法威力，曾派遣他的三个女儿前往引诱，妄以姿容美色"乱其净行"。释迦牟尼出家苦修，6年无所成就，后来到尼边禅河畔菩提树下静坐。这时魔王波旬前来破坏，先派遣魔女进行诱惑。图中释迦牟尼瘦骨嶙峋结跏趺坐于金刚座上禅定，背后有大型身光，上部为菩提树。其右立妖冶的三魔女，最前者赤身露体作"妇人媚惑种种之事"。左面有三老妪，这是释迦牟尼以神力对三魔女诱惑的惩戒。当年德国人曾在"孔雀伺"(今76窟)剥走一幅,佛居中结跏趺坐,作苦修状,其右侧为体态丰腴而神情轻佻的三魔女,其左侧则为三个丑婆,"头白面皱,齿落垂涎,肉销骨立,腹大如鼓",当是三魔女所化。

龟兹壁画的艺术特色

描绘龙王夫妇的题材在克孜尔石窟壁画中屡见不鲜,亦属佛传故事,表现龙王在妃子陪伴下来佛前听法的情节,意在赞颂佛法的伟大。

龙王的形象在中原佛教遗址中不常见,而在克孜尔石窟壁画中则屡见不鲜,192、196、198窟均可见到。所描绘身穿透明纱衣的龙王,在全裸龙王妃的搀扶下缓步而行,一副懒散的神态。画面的龙王为年轻王者,神态慵懒,着纱衣,几近裸体。龙王妃则全裸,妖媚动人,性感十足。

除了上述的壁画外,还有许多性感较强的人体画。诸如《大自在天及妻》、《老婆罗门的拥抱》、《乐舞菩萨》、《降魔变裸女》、《水人戏蛇》等,以及那些凌空飞舞、体态轻盈、姿态十分优美的飞天和摆胯扭腰、亭亭玉立、目光柔美的伎乐菩萨,无不充满生活情趣和闪烁着美的光彩。

193窟《出浴图》是一幅令人心荡神怡的佳作。图中裸体少女站在清澈碧透的池水之中,水至膝,流畅抒情的线条勾勒出窈窕而又丰满的躯体,滑脂般娇嫩的肌肤,浑圆高耸的双乳,使观者感受到生命的活力和高尚无邪的美与爱,比意大利大画家安格尔的《包尔邦逊的浴女》更富有现实主义和人文主义色彩。

龟兹壁画中的人体艺术,其造型多变,具有飘逸的风度,而无激昂的动态。最有特色的就是那些半裸的菩萨。这些人体表现得清华秀丽。她们那种合十的双手、高高的乳房,温柔高雅,交脚而坐,不媚不妖的姿容令人陶醉。这些半裸的菩萨,其体态婀娜多姿,舞姿轻快灵活,面相端庄恬静。

龟兹的菩萨多为半裸,造型微妙,既与印度佛画不同,也异于敦煌,其独特之处在于她们具有抒情的程式。动态中没有大幅度的头、胸、臀部的三道弯形式，也不像敦煌壁画中的菩萨那样收敛，龟兹的菩萨是以手的姿势与动态来牵动体形的变化的。

法国诗人蓬热曾以热情而浪漫的诗句赞颂人类的双手："它是一片树叶，一片了不起的、丰满而肉质的树叶。"龟兹艺术家正是用这片了不起的"树叶"来表现令人倾倒的人体美。在双手的调动下，菩萨们呼吸是徐缓轻柔的，头部、胸和腰的动态是细微的、轻盈的，即使有些快板动作，也并不粗犷。

龟兹人体的乳房结构，不夸大固有的形态，富有弹性感。胸部姿势虽然前倾，但不像印度壁画中那样大幅度地出胯、扭腰，带有野味，而是轻柔地收腹，徐缓地展肢，使丰满匀称的半球形乳房在胸前更显出优雅的脂肪感。

龟兹人体艺术的面部造型，头部较圆，颈部粗，发际到眉间的距离长，额部较宽，五官在面部所占的比例小而且集中。龟兹人体以几何形组成，常用 6 个大小不同的圆圈和几个圆锥形来表现人体的大块体面结构，夸张了其神情与动态。

龟兹壁画的人体造型，追求"神似"、"意境"，追求"气韵"、"仪态"，是按照对象本身的结构所包含的基本形状来加以表现，特别注重以女性人体的曲线之美，及其 S 曲线变化为核心，构成人类共同的审美情趣。

龟兹人物形象中，对面部的刻画尤为细腻，其感情色彩表现得很丰富。如圆形脸，鱼形的眉目，高高的鼻梁，小小的嘴巴等。就点眸而言，有对眸的，有斜眸的，有半掩眸的，还有将眸子藏于眼角深处的侧视，因此表情各异。再如眼腔的结构形式，像一条鱼，但不是白眼，其形又有多种，有的如鱼顺游而下，有的呈 S 形，有的鱼尾上翘，有的鱼尾下垂，借助了面部结构的变化又与不同角度的脸形有机地统一起来，于是呈现出千变万化的美感，表现了丰富的神情。

　　龟兹壁画人体的另一特色是装饰与人体互为补充，人体的线条以舒展见长，披帛的线条与丝带的交结，都在人体结构的关键部分，如在肘腕之间，下腹深处，或在胸乳部分。肢体上的璎珞装饰似乎是人体旋律中的装饰音，点缀出细腻纤巧的节奏感。虽然龟兹的人物形体结构并不复杂，但却可以让人感受到其柔婉秀美，情调优雅，具有浓郁的生活意趣。龟兹壁画中的人体，所采用的基本画法是"屈铁盘丝"式线条。其特点是"用笔紧动"，"洒落有气概"。在具体描绘中，又有多种不同的表现手法。一是先勾线描，然后在肌体颜色的四周用土红色多次晕染，将中间空出，以此来表示肌肉的团块结构和凹凸立体感。这一画法，"远望眼晕如凹凸，近视即平平"。所画人物，给人以"身若出壁"、"呼之欲出"的真实感觉。

　　第二种方法是运用线描手段，表现肌体的质感和量感。线条匀硬而朴拙，"用色沉着，堆起绢素而不隐指"，再加上薄晕轻施皮肤，犹如象牙般洁白光滑、细腻柔和。细致的色线，显示出肌肤丰腴柔软的弹性。

　　第三种方法是将上述两种方法结合起来，线描勾勒之后，不是从四面染向中间，而是只染半边，另外半边作轻淡微染。这样，重染的一边线条隐没，显出肌肉的凹凸立体，薄晕的一边则依然保留了线条之美。

　　作为龟兹壁画中的绘画的整体特点，则是以"屈铁盘丝"式的线条作为人体造型的基本手段，并依照人体结构进行晕染。这种凹凸立体感虽然是源于自然光与影，但它又不同于直接光照折射所产生的立体感。它是经过龟兹艺术家对自然光与影的观察和认识之后，又离开自然光与影，重点依据对象的结构重新创造的一种光与影。因此，所塑造出的人体形象，既有轮廓的完整性，又有形体的影像效果，造成了视觉与形式上的和谐统一，更富有浓厚的情趣。

　　龟兹绘画手法用线细而柔，有如春蚕吐丝，缠绵含蓄。所绘人体十分有神，色调柔和，给人以恬静温柔之美。在人体艺术中有不少伎乐飞天形象，刚柔两种线条并用，弧形与锐角形相结合，构成方中有圆、圆中带方的形体,虽动犹静。这些飞天,身体往前倾斜,双脚离地,腾空而起,则是采用斜线手法造成富有明确动势的形体,在视觉上产生一种飘游浮动、梦幻迷离之感。

龟兹壁画中常采用"平涂法"。用这种方法描绘的人体,同样也呈现出立体感,而且简朴生动,意趣盎然。此外还采用一种"白描"手法,大部分画面用重彩,而人体则用白描处理,两相对比,人体格外突出。这种重彩与白描相结合的手法,或相互衬托,使画面更加丰富、自然,人物形象更加完善,更增添了几分飘逸的美感。

综观龟兹的人体绘画,其过程都是先用土红色起草裸露的人体,然后再用土红色或黑色给裸体人物"穿"上衣服,但不勾内部的衣纹。这种先画裸体的方法,能够保证人体比例结构的准确性。

欣赏龟兹壁画中的人体艺术,如同倾听佛教艺术这部恢宏壮丽而又内蕴丰富的交响曲,你仿佛能触摸到几千年前的生命的脉搏在跳动。

龟兹石窟的裸女

南 子

古龟兹国好佛，有西域佛国之称。《晋书·西域传》中说其都城："龟兹国有城郭，其城三重，中有佛塔，庙千所。"

受佛教影响，新疆的石窟开凿于 3 世纪左右。石窟壁画上的内容是讲佛生前之事，说的是释迦牟尼佛在前世万年中，在成佛之前生死轮回界的难行苦节，无数次牺牲为善的故事。像"舍身饲虎"、"割肉喂鹰"等依据佛经因缘说教故事绘的因缘故事画，以它的宁静、泰然，在龟兹石窟一个个菱格图中层叠向上，直指苍穹，俯视着人世间的世俗风云……

但，最早对龟兹石窟的壁画发生兴趣，并不是因为它太有名了，而是"画中人"。我说的是"裸女"。

也许，肃穆的佛国过于清静，我更喜欢看龟兹壁画中裸舞的伎乐天人，她们出胯、扭腰，敷身着彩妆和披纱在洞窟里飞来飞去，给静穆的佛国带来些许活泼的人间气。因了她们，那些由于雨漏和风蚀日照变得陈旧而色彩斑驳的壁画开始活跃起来。

推崇裸体美，是希腊文化的一个传统。希腊人认为，裸体可以把人的有机体的美感充分表现出来，而完美的心灵只能寄寓在强健的体魄中。南亚的印度地处热带，人们有着半裸露的习俗，反映在古代印度绘画或雕刻中的神，如树神、夜叉等也都是半裸露的形象。接受了印度、希腊文化影响的龟兹国，其壁画题材中采用了许多裸体或半裸体的艺术形象，无一例外有着这类艺术的渊源。

不过，龟兹崇尚裸女形象也是有社会原因的。《晋书》和《魏书》中都曾记载龟兹"俗性多淫，置女市"的史实。当时的大德高僧又有聚妻纳伎的时尚。由于有这样的社会环境和时代风尚，龟兹壁画中大绘裸体或半裸体的画是很自然的事。

说起来，我并不觉得这些龟兹壁画中的裸女特别美，但也绝对不丑。她们是一个群体，而非单个。

多少年来，当女性的身体被描绘得更加粗俗、猥亵和放肆时，这些永远有着年轻的肌肤和腰身的裸体的伎乐天人，有的手持乐器演奏，有的手捧花冠翩翩起舞，有的手持供品飘荡在极乐世界的天空中，在佛教的世界中表示对佛的礼赞。她们的眼睛无一例外糅和着梦一样的温柔。精神的虚无和肉体的实在，和谐地统一在她们身上。线的平和节奏，宽大均匀的色块，使观者体会到一种澄澈的宗教感。

这些面庞圆润、体态平滑饱满的裸体舞伎形象给观者一种切肤的丰满和温暖之感，使人要在心灵上无限地超近她们，扎实地钉在热闹纷纭的背景之间，而并不使人畏惧。那胸前两个夸张的球状物似乎与画匠们的兴趣相仿。在这一点上，他们都似乎变得坦率起来。

——她们是温柔的，而不是滥情的；是纯洁的，而不是粗俗的。舞者多为肤色各异的一男一女，有的手臂搭在裸女肩上，有的搂着裸女的脖子，有的甚至用手抚摸裸女的乳房，行为相当"放纵"。

但她们的表情无一不是细腻温柔，既是情感上的，也是色彩上的，不是来自外界的关怀，而是女性自身的本能。她们自在，高兴如此，多少有些目中无人似的，看不出幸福，快乐与她们总隔着一层，烦恼也未可知。谁知道呢？

在许多的菱格画中，她们的身体就这样被另一双异性的大手抚摸着。这抚摸也并非廉价之物，他的手放在她温暖的乳房上，与这丰满而有弹性质感的女人互为依托。

但这些身体赤裸的伎乐天人,皆弹奏着弓形箜篌,目光流转与之侧身耳语。她们在说什么,这几千年来的窃窃私语我听不见。

这斑驳的壁画中的女人粗壮而沉重,结合了最极致、最世俗,同时也是最不可能实现的东西,她们似乎回避着与我们的目光接触,她们或闭眼睛,仿佛已经睡去;或目光空洞茫然,心不在焉,但是往往摆出最勾人魂魄的姿式——身体呈 S 形,臀部迷人地翘起。

换句话说,这也是充满了画匠们自己的梦境而已。几千年了,她们置身于金碧辉煌的菱格图案中,被不可思议地装饰着,她们本身也就成了不可思议的装饰物,与观者遥遥相望。仿佛被深深禁锢着,仿佛那些璎珞、那些飘饰都不能使她们轻盈。

当一道道光线遮遮掩掩而又抚爱地为她们的轮廓镀上一层虚幻的金色之衣,一种诱人的裸体的风暴在普遍丧失。丧失了其破坏性。

那种和平安详的秩序像一种宗教,正高于我们这个世界的秩序。而这秩序是如此的不可企及,从而有着绝望的美感。

看过了一遍后,感觉龟兹裸画都是这个样子,脸上有一种耽于享乐的气息,这多少是她们的期许。即将面临的险境似乎于她们无涉。所以,她们在这里孤独了无数岁月,从一个梦正走进另一个梦,但至今未走出菱格图的画框之外。

我最喜欢的龟兹裸女壁画只有一幅——吉祥慧女裸体像。这幅壁画出自龟兹克孜尔 84 窟。这有着丰腴健硕双乳的裸女呈睡卧姿态,闭目锁眉。她健康的肌体的质感无可挑剔,脸上有一种卷怠和慵懒的神情, 但细细一看,却是一种深藏的忧郁——那是一种和她所置身的环境,龟兹佛国的树、花果、空茫的山谷、天空……一样有着广大深厚而宁静的忧郁。那行于龟兹山川和端坐云端的、听法和辩经的,驮物和表演的祈祷声、行云流水声、锣声、号声、舞步声、辩经声……一代一代风云流转,生命失落早已转世轮回他乡,好像绚丽的烟花过后,给天空一个空茫无尽的眼神。

现在,洞窟外的光线射进来一缕反光。我太迷恋这种光了,时间、光、阴影……在这刺目的光线中,我说:"一个在阳光下的影子里面的谜要比过去、现在和未来一切宗教的谜更多。"

恍惚中,我看见了龟兹石窟中走下来的吉祥慧女。她不再是裸体的。阳光给她穿上了衣服。

她是佛。

古冢丹青寓意长

张 晖

在吐鲁番众多的儒家文化遗存中,有一处幽冷世界之典藏,它就是绘于阿斯塔那-哈拉和卓第216号盛唐时期古墓后壁的《六屏式鉴诫图》。

画面由6幅组成,两边是两个截然不同的器物,左边的图形像个倒置着的钟,大口朝上,略显倾斜,底小而圆。容器中间横贯着一根转轴,两边直连着一个支架,使整个容器可以在轴上悬空翻转。右边的图形,画的是一个上下两头小,腹部大,但没有口的罐子,只在中间开了一道不大的横缝。在该物两侧还画了一捆草和一束丝。整幅壁画的中间是四幅人物画,每幅只画有一人。在起第一幅人像盘膝正襟危坐,两手兜于袖中,环抱于胸前。胸部方格内似乎有"玉 人"二字。人物形象和悦,微启其口。第二幅人像坐于席上向右侧,嘴部罩有一布,背后方格内书有"金人"二字。第三幅人像张着嘴,半跪半坐,两手伸向前,神态激昂,似在大声与人申述或争论,身前有"石人"二字。最后一幅人像是一位席坐的老者,长髯飘逸,两手交袖,身上没有任何文字。据考,如此神秘奇妙的壁画在国内已发现的壁画中绝无仅有。它从内容上看似乎体现了墓主所笃信的人生哲学或做人的准则,或许还包含了对后人的启迪。

壁画是如何体现上述推断的呢?

唐代姚崇的《扑满赋》、张鼎的《小扑满赋》并论,玉人是周朝太庙阶下的雕像,按姚、张二人文中的描写,他的形象特点是"窒欲"(表情温和端庄,控制着内心的欲念)。"端口"、"和容",这与壁画中的"玉人"形象大体一致。用意似在劝鉴人们要节制物欲,陶冶性情。

"金人"典出《孔子家语·观周》及《说苑》,取"金人缄口"之意,与现代"沉默是金"异曲同工,是劝人要慎言少语,谦虚谨慎。说孔子曾在周庙右阶下,见一铜人,嘴上被布帛围缠三匝,即所谓"三缄其口",背有铭文:"古之慎言人也";"无(勿)多言,多言多败;无(勿)多事,多事多患。"

而张口"石人"与"金人"所为恰恰相反,其典出西晋孙楚的《反金人铭》,文曰在周庙左阶下,与右阶金人相对的地方,立一张口石人像,其身亦有铭文,一反金人寓意,为"无少言,无少事"。认为古有《三坟》、《五典》、《八索》、《九丘》均为浩繁深奥的典籍,正是前人立言的结果。主张人要有所为,匡正时弊。有道是"言满天下,而见口尤"。如此看来,金石两人并立,实为人生哲理的一种互补。

至于身上无字的长者像,则蕴涵了无穷的哲理,引人遐思。是儒道两家追求的最高境界。就道家而言,在老子构想的理想人格中,无为是首要的内容,达到无为的途径,在于所谓守柔。老子的继承人庄子的理想人格为无情,即不动情感,保持心境平和,不为喜怒哀乐等情绪所扰;无己,即"逍遥游"的境界。无字人像为长者容,与前三幅年少者像,形成鲜明对比,能否理解为是在昭示人们:"儒家入世,道家出世"的人生境界呢?!整个壁画似乎也向人们展示了一个人从少年到老年的处世哲学。

该壁画最耐人寻味的还属绘于两侧的几件器具,最右边的一幅所画的像罐子似的东西,并不是用来盛粮食的,而叫做扑满,是古代的贮钱陶器。器物中间的缝,即是投币处。扑满、一捆草和一束丝画在一起,并不是物质财富的象征,而是出自一个修身养德的典故,即曾在汉武帝时当过丞相的公孙弘发迹时的故事。当公孙"出乡为士"时,没有一身像样的衣服。邻人邹长倩不仅以衣相赠,还赠其一捆生刍,即青草,一束丝,一只扑满。公孙难解其意。邹氏说:"生刍,是借用《诗经》一句话:'生今一束,其人如玉',愿你守身如玉;丝,是很细的,但重合起来,就可变成丝线,这是事物由微至著的道理,愿你不要忽视小事,勿以善小而不为;扑满,有入口而无出口,所以一旦钱装满了,它就将被打碎了,愿你不要聚敛无度,永远以扑满为戒!"这番恳切言辞,记载于《西京杂记》中,当为这幅画的真正谜底。

在整幅壁画中最具有深厚文化背景的便是左边的这幅器物图。它并不是人们所说的钟形乐器,而是一件随重心改变来呈现不同姿态、具有深刻内涵的教具。此物原为古代计量酒的器具,它空着时,重心是在横轴偏上一点的地方,使它向一方倾斜;当其盛适量酒时,重心移到器底,遂使它由歪变正;当继续向器内注满酒时,由于重心上移,它就会立刻翻掉,倒了所有的酒。人们从这一现象中得到启示,从酒器堆中将其捡出,置于案头,赋予新的职能,作为"宥坐之器",取名"欹器",以起劝诫之用。它不仅是中国人掌握有关力学知识悠久历史的见证,也是中国最早最形象的座右铭。《荀子·宥坐》即载:"孔子观于鲁桓公之庙,有欹器焉。孔子问于守庙者曰:'此为何器?'守庙者曰:'此盖为宥坐之器'。孔子曰:'吾闻宥坐之器者,虚则欹,中则正,满则覆'。孔子顾谓弟子曰:'注水焉。'弟子挹水注之。中而正,满而覆,虚而欹。孔子喟然而叹曰:'吁!恶有满而不覆者哉!'"在这里,孔子利用欹器教育弟子:无知时要填充知识,正正直直做人,然而有了一些成就,便骄傲自满,物极必反,即会倾覆失败。以此告诫弟子"谦受益,满招损",做人要谦逊,把握分寸,切忌自满与自悲。也体现了一定的中庸思想。

陕西半坡新石器时代的尖底瓶实为欹器之鼻祖,它是一种在仰韶文化中普遍存在的汲运水工具,使用时在瓶耳系绳索。当尖底接触水面后,自然地倒向一侧,水由瓶口流入瓶内,由于器物为尖底,空瓶进水后重心不断变化,仍能保持瓶口不断进水,当达到一定水量时尖底瓶会自动立起。这是中国古代综合利用重心、重力制作的一件实用工具。

欹器作为教具起始于周庙,汉代以后不断有人复造。《晋书·杜预传》载："周庙敧器，至汉东京犹在御座。汉末丧乱，不复存，形制遂绝。"杜预（222~284 年）"有巧思"，曾成功发明利用水力磨粉、舂米的"连机碓"，可是"造敧器，三改不成"。如此看来造敧器颇有难度。1965 年发掘北燕冯素弗墓，在众多金银器物中，人们意外发现了一个玻璃器皿，其形如尖底瓶，小口细颈，鼓腹，只是横卧陈放，并用玻璃条在瓶的肩、腹部粘出花纹，并在瓶腹中间粘成双足，使圆腹放置平稳。整体风格像是在大月氏商人指导下烧制的。此物空腹时重心也在中间双足，满水时重心上移，倾覆泻水，只在水适中时器口才向上，完全符合"虚则敧，中则正，满则覆"的要求。可以说它就是一件很接近"周庙风格"的敧器。此后，"永明中（483~484 年）竞陵王子良好古，冲之造敧器献之，与周庙小异"。可见祖冲之不愧为世界科技奇才，成功造出了敧器。另据《续世说·巧艺》记述西魏文帝同时做过两件敧器，一谓仙人敧器，一谓水之敧器，相当豪华，颇具规模。

敧器虽小，却不可小看。隋炀帝就因为没听它的劝诫而招致杀身之祸。相传，隋朝有一位杂学奇人叫耿询，有很多科技发明，国乱，沦为隋将王世积的家奴。他曾自制成功久已失传的敧器并进献给炀帝，其龙颜大悦。可他只把敧器视为玩物，不解历经底层苦难的耿询之苦衷，位居"九五之尊"，仍横征暴敛，穷兵黩武，终于官逼民反，被宇文化起兵杀死。

此外唐李皋、南唐徐游等也造过敧器。从技术上讲，上述唐墓壁画中的敧器大大提高了动态功能的可靠性，而远离了它的原始形态，尖底被省去了，放大了颈部口部，看似像钟形乐器，此形更有利于实现"满则覆"。另外，悬挂的绳索结构取消了，代之以一套更可靠的机巧，即原先有挂耳的位置连着一条轴，轴头插入立架，其机巧就隐藏在立架中。整体结构具有很妙的合理性。

有趣的是，明清敧器虽难见其详，却出现在蔡志忠漫画《菜根谭——人生的滋味》中，它看似非常简单就像一个普通的陶罐，但据分析,其底部应有一不显眼的小孔,孔里有个空腔,其中或隐藏着机巧,可随注水多寡而进行正斜变化。

清代钱大昕有《欹器铭》:"哲人知己,如履薄冰;鉴兹欹器,拳拳服膺。"末代皇帝爱新觉罗·溥仪的一个侄子写过一篇回忆录,其中就提及其祖父曾请人制造过欹器。看来这位亲王尚有些科学意识和先见之明。

柯尔克孜族的织绣艺术

宋 成

　　柯尔克孜族是一个以畜牧为主的山地草原民族。优美的自然环境和古朴的游牧生活形成了柯尔克孜族织绣独特风格：色彩鲜艳、造型美观、大方朴实。他们大多采用花卉草木、飞禽走兽、日月星辰等象形图案和几何图形，颜色以黑、白、红、蓝、绿等基本色调为主，不同颜色表示不同的意义，从中透视出柯尔克孜族淳朴、典雅的民族性格。

　　生长在苏巴什草原上的柯尔克孜族小姑娘阿衣曲莱克从七八岁起就开始了草原上的刺绣生活。先是捏着细针，沿着妈妈在布料上已经画好的纹样绣边，初绣的纹样大多是规则的几何图案，等腰三角形最常见，这是柯尔克孜族刺绣中的基本图样，三角形尖尖的角朝上，在柯尔克孜族文化中，代表着山的造型。

　　柯尔克孜族是个生活在帕米尔高原北部崇山峻岭中的民族。高山峡谷，终年积雪，股股雪水汇合成无数条河流，山脉走向与地形关系使得河流大部分由西向东流，沿河沟纵横起伏地带，形成了一望无际的天然牧场，这便是柯尔克孜族人民生活的家园。山为父，水为母，山父水母也成为柯尔克孜族人的图腾。于是，柯尔克孜族刺绣图样中，山峰成为必不可少的风景。柯族人眼中的山多是雪山冰峰，圣洁纯白，在她们的手下，山峰也被绣成白色，纯白纯白的三角形，沿着衣领、裤脚、袖边，或是花毡、墙围的边款，被褥的周边绵延起伏。有时，三角形是黑色或是红绿相间的，黑色代表土山，红绿相间代表着红山与青山。

沿纹样绣边是柯尔克孜族小姑娘刺绣生涯的启蒙课。草原上的小姑娘自小见惯了妈妈、姐姐们做这类针线活，自己拿起来一点也不陌生。小姑娘上手很快，随着手动，一片一片山峰的轮廓线便显现出来。之后便是填色了，就是用更细的色线填满边框内的空间，凸现出色彩饱满的图形来。色线是沿着与边平行的走向由外向内一圈一圈绣上的，远看是一片洁白的小山峰，近看却是细细密密层层叠叠的白色的线脚。

山父水母总是相依相伴的，绣完了山形，便要绣水样了，纹样同样是已勾好边的，一连串的大弯曲线向同一个方向有规律地翘起、卷曲，意味着水波荡漾。柯尔克孜族依着克孜勒苏河（红水河）、盖孜河（灰水河）、喀拉库勒湖（黑水湖）而居，水的色彩也是红飞绿涌，多姿多彩。

山水之上，绣天空，绣云朵。上至苍天与日月星辰，下至土地、森林、树木、青草，都被认为是自然的神灵，给人以生命、智慧、力量和祝福。草原上黄色的小野菊，白色的蒲公英，红色的罂粟花，甚至清晨花瓣上一滴滚动的露珠，都被撷取了轻灵的意象，盛放在柯尔克孜族的刺绣艺术中，流露出这个民族与自然界温暖而平和的情感交流。

游牧民族对山野草原间的动物牲畜特别地珍爱，飞禽走兽，兽角、兽肩胛、牛的弯曲的角、白色小山羊直立的角、骆驼的双峰等动物意象跃进图案中。柯尔克孜族是勇敢善战的，历史上更是一个不屈于压迫和奴役的民族。刀、枪、剑、戟和旌旗，成为坚强勇敢的主题，也常常出现在图案中。

图案的颜色主要是黑色、白色、蓝色、红色和绿色。它们的意义与柯尔克孜族的色彩崇拜有关。黑色表示着广阔、博大，顽强、勤劳、朴素，也表示大地。对白色的崇拜源自于月亮，月亮是洁白皓亮的，因而对一切白色的东西都有崇拜之意，如白面、棉花、乳汁等，图案中的白色还表示真诚、纯洁、真理，以及冰峰和皑皑白雪的冬季。

蓝色，因与苍天同色，被视为神圣之色。红色表达着快乐、幸福和山花烂漫的夏季，绿色表示青春朝气和绿草如茵。

当能绣出这些精美灿烂图案的时候，小姑娘已经不知不觉长大了，各种刺绣的针法：结绣、钩绣、扎绣、刺绣、串珠片绣、格子架绣、盘金银绣、十字绣等，已是非常娴巧了。姑娘们首先在布上画出纹样，这是用粉笔画在布料上的。心灵手巧的姑娘，手腕转几下图案便出来了，然后蘸盐水沿粉笔线再描一遍，粉笔线渍过盐水后，变成较硬的黑纹，很长时间也不会褪掉。

柯尔克孜族姑娘内心的情与爱在手中的刺绣中慢慢释放。她们绣手绢，绣制柯尔克孜族传统的定情信物。据说柯尔克孜族的英雄汗王玛纳斯的妻子卡尼凯公主送给玛纳斯的定情礼物，就是用金线镶边的花手绢。《玛纳斯》史诗中曾经描述这块花手绢：蓝蓝的天空，绿色的草原，金色的太阳，皎洁的明月，奔腾的野兽，飞翔的鸣禽，青青的嫩草，潺潺的流水，一齐绣在手帕中心。定情的信物还有烟荷包，姑娘们青春萌动，按捺不住内心的喜悦，边绣边唱："飞针走线绣花巾，唱着歌儿度时光。歌儿随着歌声飘，声声飞到你身旁。绣只荷包表心意，恋情都在包里藏……"

她们绣毡帽，在中年男人戴的白毡帽上绣黑色、蓝色的素花，显出威武剽悍，憨厚稳重。在未婚男子的白毡帽上绣红花和美丽图案，表现英俊潇洒，朝气蓬勃。在儿童的白毡帽边沿绣花草鸟兽、山水图案，或孩子的生肖属相图，衬出幼童的精灵可爱。她们绣腰带，给老年人用的黑、蓝腰带，以白线绣简单的山水波纹为边；给青年人用的紫红色腰带，绣边之后，中间还绣各种花纹图案。她们绣坎肩，黑、绿、红金丝绒小坎肩的各部位边上都以盘金银绣手法，绣上金色银色的花草水纹作为花边，罩在连衣裙之外，显出身姿的袅娜。

柯尔克孜族姑娘对刺绣的喜爱几近于偏执，大凡眼中所能见到的所有织物都要过把绣瘾，大的绣花丝绒毯、天鹅绒毯、绣花毛袋，中等的围帘、壁帘、镜梳带、布腰带、长巾条、头巾，小的擦垢巾、手帕、被褥、枕套、衣帽、靴袜和布制烟袋等，甚至连用来端锅的两块小小垫布，都要绣两匹在一起嬉戏的马驹。外界的现代生活流行进来，草原上的刺绣品也与时俱进,各种精刺巧绣的手机袋、手机小挂件、胸花、领花也不断花样翻新涌现出来,让人爱不释手。

姑娘大了,该准备嫁妆了。依据柯尔克孜族的风俗,姑娘出嫁,父母要根据自家的财力和男方聘礼的情况,给她赠送家具齐全的毡房、金银首饰、衣服、马具和马匹。毡房内壁上挂的巨大壁毯和帷幔,床,床帷,叠放在床上的高高的被子和枕头,地毯,花毡,花毡上铺着的坐褥,衣架上挂着的盖布,门帘,窗帘,这其中大都是色泽鲜艳而精美的棉毛织品和刺绣品。这一屋的花花世界,全部要靠千针万线、千丝万缕精心绣出。

先是绣吐西吐克(壁毯)。柯尔克孜族闺女出嫁,壁毯是绝不可少的嫁妆。现在的壁毯种类主要有丝绒壁毯、绸缎壁毯、天鹅绒壁毯。一般根据毡房或住屋的大小设计尺寸,多是长 6 米,高 2 米左右。它的上边和左右两边,镶 15~20 厘米的黑边和绿边,在边上用金线和色线绣成飞禽走兽、大山河流、日月星辰、草原畜群、波浪雪峰、花草树木等图案。壁毯顶部下垂 30~40 厘米长的黑边或绿色的三角三四个,三角的边上饰有 3~4 厘米长的黄穗或红穗,三角上面也绣有传统的民间图案。最独特的是壁毯中间却不绣任何图案,整个壁毯的造型,从式样到图案,甚至连壁毯的尺寸,据说都是仿照玛纳斯军队行军时的军帐而设计的。壁毯主要挂在房屋的正中和左右两侧的墙壁上,令满室生辉。

扎迪瓦勒(壁帘)也是必不可少的。壁帘宽约 1.5 米,四周镶一道黑绒布边,中间绣有花卉、群山、松树、桦树等图案。此外,出嫁的穿戴用品,从头上戴的帽子到脚下穿的靴子,从衬衣、衬裙到各种外套、大衣,都要绣上花纹、花边。还有新毡房上用的围毡、篷毡、围毡带、篷毡带等,都要极尽所能地绣满群山、环山和战戟图案。这还只是些小件的嫁妆,工程量大的要数被褥。柯尔克孜族姑娘出嫁至少要备 20~30 床被子,绣花枕头 8~10 个。这些被子的被面,大多是刺绣而成,除了盖头的那一边外,其余三边都要镶出 15~20 厘米的黑边或绿边,绣上山、水、鸟、兽等传统图案。绣花枕头多用红色、绿色、紫红色金丝线缝制而成,枕头两端绣上青山和雪山两种，四周以流云为边。这象征着柯尔克孜族头枕大山，足蹬大河，是雪山大地的主人，同时也表明着山父水母的主题。虽然屋中有那么多床被褥与枕头，却从不会被收入壁橱或衣柜，而是一层层叠在一起，放在被褥架子上。为了装饰被褥架子，姑娘们还要精心绣制床幔，挂在架子外沿，既遮蔽了床架，又亮堂了屋子。

柯尔克孜族视马为家庭的一份子，马衣是精心纺织和刺绣的毛料制品，一匹乘马的马衣，有时比一家人的衣服还要昂贵。这家人是否富有，家庭主妇是否聪明勤劳、心灵手巧，是从主人家的马衣好坏来分辨的。较为昂贵的马衣是用色彩艳丽的色布，缝制绣成马形罩衣，套在马身上，仅露一双眼睛和鼻、嘴的出气孔。这种精心缝制的刺绣工艺品，是具有一定身份的女子出嫁时的专用物。

也许你会问了，这么大量的活计，姑娘一人如何完成？这就全依赖于柯尔克孜族家族成员的关系了。柯尔克孜族家庭内部都能够和睦相处，妯娌之间比姐妹还亲，婆媳关系胜过母女。平时的家务事，像刺绣、编织用具、缝补衣服等，妯娌间都要互相学习，取长补短，而守圈、放牧、接羔、挤奶、擀毡以及搬迁等活计，更是家族间在一起集体劳动的。自然，姑娘的嫁妆也是嫂嫂姐姐们共同准备了。即便如此，完成这些嫁妆也还是要用三年多的时间。

柯尔克孜族的刺绣从汉代就存在了，在元代，叶尼塞河流域的柯尔克孜族地区已有专门织造绫罗锦绮的工匠。据元史的记载，当时的柯尔克孜地区的纺织已不仅是妇女的家庭手工业，而且有庞大的专门从事纺织业的工匠队伍。西迁帕米尔之后，这种专门从事织造业的工匠队伍和织造局没有了，但柯尔克孜族女性的纺织、刺绣工艺作为一种家庭副业却不但得以延续，还得到了极大发展。你若问现在在哪里能看到这些刺绣品，告诉你，还是到帕米尔高原慕士塔格山脚下的苏巴什草原，还有乌恰县的玉其塔什草原上来寻找吧。

重新解读狩猎岩画

刘学堂

岩画狩猎说质疑

在中国北方地区数以万计的早期岩画中，最普遍、最有代表性的组合画面是持弓箭的人和各种动物。对我们新疆来说，这类岩画在天山、阿尔泰山、昆仑山等地经常被发现。长期以来，岩画学界对这类岩画的解释几乎是众口一词，认为它们无一例外表现的是狩猎活动，统称为狩猎岩画。对此，很少有学者提出异议。

对比观察各类材料中已公布的持弓箭人和动物岩画，发现这些岩画表现的内容基本相同，画面结构、持弓箭人的动作、人和动物的形态变化都不大。岩画从组合形式上大体可分为四种。一是多个持弓箭人和一群动物；二是多个持弓箭人和单个动物；三是一个持弓箭人和一群动物；四是一个持弓箭人和单个动物。其中第二种组合形式较为少见，其他三种数量上相差不多。

从一些岩画画面中，大体可以窥视持弓箭人和动物岩画的一些基本特征。这类持弓箭人和动物岩画，画面中的人物和动物，绝大多数都处于相对的静态，看不出持弓箭者是一位正在捕猎的猎手，被围猎的动物更显得悠然、安闲，也不像是正在被围捕的猎物。持弓箭人与动物之间，由画面构图、人和动物的形态上，丝毫察觉不出他（它）们是猎者与被猎者的关系。相反，整个画面更多地显现出来的是人与动物间的亲近与和谐。而且无论哪一种形式的所谓狩猎岩画，被"猎"的动物多数都面向着"猎人",迎着弓箭。

　　岩画学界之所以将这类岩画都命名为"狩猎岩画",是将持弓箭人和动物两个因素相加得出的简单结论。若从画面的整体情形看,很难将它与狩猎或围猎那种紧张、激烈的场面联系起来,也很难将这类岩画都定名为狩猎岩画。看来,解读这类岩画,还需要透过表面现象,将它与考古学的其他相关发现及人类学、原始宗教学等学科的研究成果结合起来,这样或许可以找到揭示其本质寓意的正确途径。

弓箭的象征意义

　　仔细观察持弓箭人和动物岩画,还会发现一些共同的特征。一是持弓箭人绝大多数裸露着男根,不少男根表现得很夸张;二是不少箭镞刻绘成男根状,有的箭镞绘成三角或半圆球形;三是不少画面中人小弓大,有的持弓人只是一个十分简略的符号,而所持的弓则奇大无比,有意地突出弓箭在画面中的地位,有的画面中人和弓都很小,相反动物群个体较大。笔者认为,这些岩画中的弓箭,不能简单地理解为狩猎武器。

　　著名的呼图壁康家石门子岩画,是世界上罕见的以表现生殖崇拜为核心内容的巨幅岩刻画。画面中有七十多位男女阴刻像,他(她)们或大致左右排列,或上下错落,画面中所有的男性都露出极度夸张的生殖器,多指向女性,表现的是男女群体交欢的场面。整幅岩画"十分明白地显示了祈求生殖、繁育人口的强烈愿望"。另外,人物间还刻画有对马。对马在中亚和南亚的一些古代民族的原始宗教中具有祈求生殖的寓意,已有人类学家对此做过专门研究。在岩画画面左侧刻画有两只老虎,伸出夸张的生殖器。在虎的两边各有一组男女交欢图。虎与人之间,刻画了3支弓箭。这3支弓箭并未引起发现者注意。

　　康家石门子是天山深处距今3000年前或更早的时候某一古代氏族或部落祈求氏族、部族兴旺强盛而举行生殖祭祀活动的圣地,巨幅岩刻画是祭祀的"圣坛"。在这庄严、神圣的"圣坛"上,刻出的3支弓箭,不可能是世俗社会中狩猎者的武器。在岩画的主题背景下,弓箭和男女交欢图、对马等一样,以直观的或象征的方式,反复地强调同一命题,即祈求当时氏族或部落人口的繁盛发达。

弓箭和对马、老虎一样,都是具有生殖神力的特殊"符号"。将弓箭和男女交媾的生殖画面结合为一体的岩画例子还有不少。如:新疆哈巴河县唐巴勒塔斯发现一幅生殖岩画,画面的一侧是男女交欢图;另一侧有一持巨弓者,弓箭很长,直指并"刺中"处于交欢状态的男性的男根,画面上下有一大一小两只山羊。

弓箭所具有的生殖意义很早就被中外学者们所注意,有学者通过研究进一步认为,弓象征女性生殖能力,箭象征男性生殖能力。如黎子耀先生在研究《易》与《诗》的关系时认为,矢(箭)象征男性,象征太阳,弓象征女性,象征月亮。在欧洲的一些早期艺术品中也常用弓箭、太阳来象征男性,所以太阳神阿波罗就佩带着弓箭。中国古代传说人物后羿善射,同时他也是古代男性生殖力兴盛的代表人物。近年来,在新疆罗布泊小河墓地的考古发掘中出土了大量的弓和箭,这些弓箭都非实用器,而是作为祭祀使用的冥器。值得注意的是冥箭均出自男性墓中,有的男尸几乎被成束的冥箭覆盖;在棺前象征女阴的桨形立木的两旁也插立着冥箭,还有冥弓。小河墓地发现的大量神秘文物多与生殖崇拜、生殖祭祀有关,出土的冥弓、冥箭无疑是当时生殖祭祀等巫术活动中的"法器"。

岩画丰产说

在明确了弓箭的特殊意义后,我们就不难解释那些所谓狩猎岩画的本质含义,不难理解为何持弓箭人一定绘出生殖器、弓箭多绘成男根状,为何"狩猎者"与"猎物"之间表现出的是和谐、亲密的关系。原来,"狩猎者"并不是在狩猎,而是通过弓箭向动物传递生殖神力,是通过巫术仪式,来祈求动物的丰产,是一种丰产巫术。画面中的动物,有的可能是野生的，通过生殖力的传递，希望野生动物更多地繁殖，但从画面中动物的形态看，这些动物更可能是放养的家畜。

中国北方岩画中动物岩画的出现，绝大多数与游牧经济形式有关。在北方草原地带，游牧经济出现之前，狩猎和采集是人们获取生活资料的主要手段，这是一种缺乏生产和生活安全的攫取式经济形态，在漫长的以狩猎和采集为主要生产方式的时代，可能出现过祈求狩猎成功、获取更多猎物为目的的祭祀活动。在游牧经济生产方式形成后，人们通过游牧、畜牧来获得基本的生活资料，相对于狩猎和采集经济来说，这是一种生产经济，是草原地带古代民族一次重要的产业革命。

这一时期的人们有了来源相对固定的生活资源，产生了新的财产观念，畜群成为主要的财产形式，也是家族和部族能否强盛的物质基础。因而，扩大畜群是当时社会生产的基本目标，是家庭或部落集团兴盛的标志，而狩猎经济在此时已处于补充地位。唯物史观认为，经济决定意识，在游牧经济的背景下，人们通过岩画这种山区地带很容易产生的巫术形式，祈求畜群的增殖，这是很容易理解的。换言之，以游牧经济为主的生产方式是以祈求畜牧的丰产为目的的巫术活动——这就是刻画持弓箭人和动物岩画在北方以游牧为主的经济区普遍流行的社会原因。

艺 术 宝 典

新疆历史上的第一座清真寺

马品彦

　622 年，伊斯兰教的创始人穆罕默德在麦地那近郊创建了伊斯兰教史上的第一座清真寺——古巴义清真寺。此后，清真寺作为伊斯兰教信徒（穆斯林）举行礼拜等宗教活动的场所，随着伊斯兰教的传播出现在世界各地，凡有穆斯林生活的地方，就有清真寺。

　　伊斯兰教传入新疆已有一千余年，清真寺在新疆出现与伊斯兰教传入新疆基本上是同步的，就是说新疆最早建立的清真寺，距今当在一千年左右。可是目前已知新疆最古老的清真寺是建于 15 世纪的喀什市的艾提尕尔清真寺。显然，艾提尕尔清真寺只是现存的最古老的清真寺，而不是伊斯兰教初传时期的清真寺，当然更不是新疆第一座清真寺。那么，新疆历史上最早建造的清真寺是哪座清真寺？它是何人何时何地建造的？由于这座清真寺乃是准确判断伊斯兰教传入新疆年代的重要史证，我在撰写新疆伊斯兰教史时不得不苦苦寻索。所幸皇天不负有心人，经多年努力，终于找到了答案。

13 世纪,维吾尔族有一位著名学者贾马勒·卡尔西,他根据在喀什噶尔皇家图书馆发现的 11 世纪著名阿拉伯词典学家的著作《绥哈赫》的手抄本,编译了一部以波斯文注释的词典——《苏拉赫词典》,后来又应喀什噶尔宗教界人士之请,为这部词典撰写了《补编》。《补编》的内容包括新疆和中亚史上的一些王朝的历史片断和各地著名宗教首领的传记材料,以及一些城市的道里、建筑、风土、物产等等。有关新疆第一座清真寺及其建造经过,也被记载到这部词典中。说起这座清真寺,还有一段十分有趣的历史故事呢!

9 世纪中后期,在今中亚和新疆一带先后崛起了两个强大政权,一个是信奉佛教和摩尼教的喀喇汗王国,一个是信奉伊斯兰教的萨珊王朝。起初,双方统治者之间信使往返,关系密切。后来随着萨珊王朝日益强大,不断以"圣战"的名义发动对喀喇汗王朝的战争,双方关系逐渐恶化。到喀喇汗王朝第三代可汗奥古尔恰克执政时,他断绝了同萨珊王朝的往来,并下令严禁在喀喇汗王朝境内传播伊斯兰教,不准居民改宗。893 年,萨珊王朝又一次发动"圣战",出兵攻占了喀喇汗王朝副都坦逻斯城(今哈萨克斯坦江布尔城),俘获了奥古尔恰克的妻子和 1.5 万名士兵,并杀了其中的 1 万人。奥古尔恰克被迫迁都喀什噶尔。不久,萨珊王朝发生宫廷内讧,在内讧中失败的王子纳斯尔·本·曼苏尔(民间传说中的阿布·纳斯尔·萨曼尼)化装成商人逃往喀喇汗王朝寻求政治避难。为了利用萨珊王朝的内讧来削弱和打击这个老对手,一贯敌视伊斯兰教的奥古尔恰克竟盛情款待了这位穆斯林王子,并对他说:"你像在自己家里一样住下吧,你兄弟待你冷淡,而我将与你真诚相处。"他还任命他为阿图什地区的长官。

纳斯尔王子做了阿图什地区的长官后,阿图什就成了中亚商人的集聚地,驼队从布哈拉和撒马尔罕带来了大批日用杂货、布匹等。这些穆斯林商人不仅带来了货物,也带来了伊斯兰教的影响。纳斯尔王子和穆斯林商人们都迫切希望在阿图什建立一座清真寺,以便举行礼拜。为了实现这一目的,纳斯尔经常给奥古尔恰克送一些丝绸衣物、蔗糖等他喜欢的东西,极力逢迎讨好,终于得到奥古尔恰克的信任。于是他乘机要求给予他一块大小相当于一张牛皮的土地,以便在那里建一座清真寺,在里面祈祷自己的主。奥古尔恰瓦答应了他的要求,对他说:"你想要哪里的土地就拿去吧!"于是纳斯尔开始施展他的"牛皮巧计",他宰杀了一头黄牛,把牛皮割成细条结成长绳,然后用这条牛皮绳在阿图什围了一块土地,在这块土地上建造了一座大清真寺。奥古尔恰克发现上当,但为时已晚,只能为纳斯尔的机智和运气而惊讶感叹。后来,就在这里发生了一件改变奥古尔恰克和喀喇汗王朝命运的大事:奥古尔恰克的侄子萨图克·布格拉汗在纳斯尔的说教下信仰了伊斯兰教,后来又借助中亚穆斯林的支持发动宫廷政变,推翻了奥古尔恰克政权,使喀喇汗王朝成为中国历史上第一个信奉伊斯兰教的地方政权,这当然更是奥古尔恰克始料不及的。

纳斯尔以"牛皮巧计"建造的清真寺,就是新疆历史上的第一座清真寺。直到贾马勒·卡尔西生活的时代,这座著名大清真寺仍以"阿图什大清真寺"而闻名遐迩。至于现在的阿图什大清真寺是不是历史上的这座清真寺,还有待考证。

佛教宝库——阿克苏

森文　非青　马品彦

　　阿克苏地区位于新疆维吾尔自治区中西部。西北部与吉尔吉斯斯坦接壤，北部与伊犁相连，东部与巴音郭楞相连，南部与和田相连，西部与克孜勒苏柯尔克孜自治州相连，西南部与喀什毗邻。总面积 13.2 万平方千米。地势走向北高南低，北部为天山山区，中部为平原、戈壁和绿洲，南部为沙漠。主要河流有阿克苏河。地区下辖 8 个县：库车、拜城、温宿、阿瓦提、沙雅、新和、乌什、柯坪；1 个市：阿克苏市。总人口 171.5 万人。主要民族有维吾尔、汉、回、柯尔克孜等。

　　即使没有到过阿克苏地区库车县的人，也大都听说过龟兹这个名字。一旦得知库车就是历史上的龟兹，那么您也许很容易把它与歌舞之乡和艺术宝库联系在一起。库车即古龟兹，曾是汉代西域 36 国之一，地处古丝绸之路北道的要冲。因此，中西文化荟萃于此乃历史之必然，成为汉唐西北边疆的政治、经济、文化中心也是情理之中的事情。龟兹乐舞不仅在西域享有盛誉，而且流传内地，名满长安。隋代龟兹乐师苏祗婆妙通音律，传授"五旦七声"理论的故事，至今仍为人们所津津乐道。如今库车身怀绝技的民间歌手、民间艺人、优秀歌舞演员和乐师之多，仍居新疆之冠。伊斯兰教传入新疆之前，库车曾是佛教胜地，著名高僧鸠摩罗什就出生在这里。历史在此留下了绚丽多姿的佛教石窟艺术和众多的古城遗址。

　　古代龟兹国管辖的领地以今库车县为中心，唐代安西都护府治于龟兹,辖地包括今轮台、沙雅、新和、拜城、阿克苏和乌什等地,辖4镇,统16府,72州,唐时名为伊罗卢城。这个地理范围大致上就是今天的阿克苏地区。今天,这里已被当地各族人民和军垦战士建设成塞外江南,获得"鱼米之乡"的美誉。龟兹乐舞的故乡,值得我们去潇洒走一回!

克孜尔石窟与千泪泉

如果说拜城这个地方在新疆或全国还有一些知名度,那么这多半要归功于它拥有著名的克孜尔石窟。该石窟又名赫色尔石窟,位于拜城县城东约50千米,克孜尔镇东南7千米处。石窟始凿于3~4世纪,5~6世纪是其繁荣期,8世纪末废。是新疆现存最大的石窟寺群,也是中国著名的石窟之一。共编号236窟,其中保存有壁画的洞窟约80个,壁画总面积约1万平方米。壁画主要使用凹凸画法,线条流畅刚劲,画面层次清晰,人物富于立体感。壁画题材广泛,涉及牧畜、狩猎、农耕、骑乘、车船、建筑、商贸等内容。石窟后壁有不少古代龟兹文题记,为研究壁画内容和绘制年代提供了主要依据。过去,克孜尔千佛洞饱受俄、德、英、日等国"探险者"的浩劫,他们不仅盗走了所有的雕塑,还粘窃去大量壁画。如今它已受到国家的保护,1961年,国务院将它列为全国第一批重点文物保护单位。

在克孜尔石窟附近的一条幽静狭窄的山坳之中,还有一眼千泪泉,泉水从布满苔藓的悬崖峭壁上渗出而下滴,丁冬有声,十分悦耳。关于千泪泉的来历,当地民间流传着这样一个动人的传说:古龟兹国国王有个女儿,与民间一青年相爱。国王为阻止二人结合,令男青年上山凿1000个佛洞。青年人凿至第999个时力尽而死,公主闻讯赶到,抱尸痛哭,悲愤而亡。他们的忠贞爱情感动了周围的顽石,顽石亦为之落泪,至今仍流淌不已,故名"千泪泉"。

库木吐拉石窟

在库车县城西南约 30 千米的渭干河出山口东岸。石窟依崖挖掘，下临大河，背倚高山，密若蜂房，南北绵延 750 余米。现有编号的洞窟 112 个，数量仅次于克孜尔石窟，其中主要的有 72 个窟，内有 31 个窟保存较完好，其余窟内塑像全部毁坏无存，仅余壁画。据考证，石窟大约始于晋代，最晚的凿于宋元，而以唐代开凿的洞窟最多。绘画题材除佛本生故事外，尚有西方净土变、药师变、弥勒变、降魔、迎佛等佛经故事以及供养人像、千佛像等。绘画风格因时代差异而不同，有的线条粗糙、形态呆板，有的线条流畅，形象生动。近年新发现的两个洞窟，壁画完好无损，色彩艳丽如新。库木吐拉石窟可以说是龟兹历史的缩影。1961 年国务院公布其为第一批全国重点文物保护单位。

森木塞姆石窟与玛扎巴哈石窟

森木塞姆石窟位于库车县东北约 4.5 千米的库鲁克山口。森木塞姆是维吾尔语"细水流出"之意。山口有小溪流出，石窟就开凿在溪水两岸的山崖上。大多已遭破坏，现已编号的洞窟有 52 个，其构造形式与克孜尔石窟完全相同，多数是长方形券顶，后开大龛，左右有甬道，形成中心柱的大型窟。石窟群的开凿年代约在 4 世纪，现存壁画多属南北朝时代作品，主要为佛本生中猕猴等佛教故事。除石窟外，在山丘上尚有较大的寺院遗址。从现有规模推测，此处当是古龟兹国东境最大的一所寺院。

玛扎巴哈石窟在库车县城东北约 30 千米处的山坡上，建于隋唐时代，有洞窟 34 个，大多已坍塌，仅 4 窟保存较好。

克孜尔尕哈石窟与烽燧遗址

位于库车县城西北 12 千米处的盐水沟。石窟开凿在山沟的东西两崖上，共编号 52 窟，其中窟形完整的有 38 窟，有壁画的洞窟 12 个，多为佛本生故事像、千佛像以及披甲、佩剑、脚着长靴的龟兹武士供养人像等。据此推断，石窟是 4~7 世纪初的遗存，当略晚于克孜尔石窟。

克孜尔尕哈烽燧遗址位于石窟对面的公路旁，系用土块建成的巨塔，残高约 40 米，气势非凡，是保存较好的汉代烽火台之一。

库车清真大寺

位于库车县城内，是新疆著名的清真寺之一，始建于清代。寺院面积 1165 平方米，室内面积 665 平方米，可容纳 3000 名穆斯林同时做礼拜。寺庙有塔楼、大殿、无名麻扎、教经堂及宗教法庭等建筑。塔楼和大殿外墙为砖结构，高大雄伟，气势庄严。大殿分正间和次间，正中高出屋面的巨型天窗，采用卷棚式屋顶。院内的无名麻扎，是明末清初遗物。

毛拉额什丁麻扎

在库车县城西 1 千米处。14 世纪来自中亚的伊斯兰教传教师额什丁之墓。建筑群由大门庭院、礼拜寺和墓院组成。礼拜殿西廊墙上悬挂着清光绪七年（1881 年）库车知县李藩题"天方列圣"4 个汉字匾额。礼拜殿墙面和拱顶全部以绿色琉璃砖嵌饰，肃穆壮观。现存墓室为土木混合结构，方形方面，一面为木制扇门，其余 3 面土墙开窗，四周围栏，下设栏杆，是新疆现存较古老的木建筑之一。

昭怙厘大寺（苏巴什古城）

在库车县城西北 23 千米处，又称苏巴什古城。4 世纪著名翻译家鸠摩罗什曾居住于此，时称雀梨大寺。唐代高僧玄奘曾造访此寺，并记入《大唐西域记》中，称这里为东西昭怙厘寺。大寺依铜厂河分为东、西两寺。从现存高约 20 米的佛塔，原为两层建筑的佛殿以及院墙、洞窟遗址中，我们仍可想见昔日"佛像庄严，殆越人工。僧徒清肃，诚为勤励"的情景。

龟兹曾为唐代安西都护府所在地，又是著名的龟兹乐舞发祥地，中国唐代官制的 10 部乐曲中出自龟兹乐师苏祇婆之手的就有 3 部。唐代诗人白居易"胡旋女，胡旋女，心应弦，手应鼓，弦鼓一声双袖舞"的诗句就是直写唐代宫廷中所演龟兹乐舞之盛况的。作为古龟兹国最大的佛寺，昭怙厘大寺就像龟兹乐舞一样，具有一种洒脱、大气的风格。难怪人们说建筑是凝固的音乐，音乐是流动的建筑呢！

赤沙山·大小龙池

赤沙山位于库车县城以北 65 千米的独库公路两侧。这里的岩石呈红褐色，还夹杂有黄、绿、灰、白等各种色彩，怪石嶙峋，山景奇特，有"魔鬼峡谷"之称。

大小龙池位于库车县城以北 120 千米的天山深处。独库公路傍湖通过。大龙池海拔 2700 多米，面积约 3 平方千米，阴坡云杉苍翠，阳坡绿草如茵，波光倒影；风光奇秀。离大龙池 9 千米处的小龙池，野鸭戏水，池水清澈，其下还有瀑布。

燕泉公园

在乌什县境内。由燕子山、九眼泉和柳树泉合名而成。燕子山不高，平地突起，周围峭壁如削，只有一条小道可通上下。山上的海贝化石比比皆是，大小石块都藏燕形花纹，有的形如燕头，有的似燕尾，故称燕子山。山腰立大石一方，上刻"远迈汉唐"四字。附近怪石林立，如墙似碑。山下九眼清泉，像一串珍珠呈五角形排列在荷花池旁，水涌如沸，终年翻滚不息。乌什城郊有柳树泉，因泉旁多老柳而得名。公园内广植各种果木，建有楼台亭阁，成为游人休憩、游览的好去处。

通古斯巴什古城

位于新和县西南。古城略作方形，周长约 1 千米。城垣残存，土筑，四隅有突出的城垛。南北两面各开城门，北门楼残存，宽约 1.3 米。城中可见古建筑遗迹。此建筑颇有特点，底部为一层红柳枝、一层土交相垒叠，上部为土坯砌成。据说，这是唐代安西都护府管辖的一处重要军镇，也是该地区保存较好的古代大型城址之一。

温宿县麻扎

在温宿县有一片大麻扎，其中有一座圆顶的空心大坟墓，外墙上了釉彩，远望闪闪发光，人们称之为"玻璃坟"。这座死人的宫殿有门有窗，内部全无檩木，一拱到顶的土坯结构，白灰抹的墙壁，壁间留有壁龛，上面还绘有花卉。由于年久失修，已经有些破败不堪。

当地传说玻璃坟里埋的是一位有钱的维吾尔族贵妇人。这位贵妇人原籍库车，生前遇到伤心事，决心死后要远离故土，独自清静，于是就在此营造了坟墓。不知她生前的愿望死后是否得以实现……

在这块艺术宝地、歌舞之乡游览，我们一直暗怀思古之幽情，甚至有"念天地之悠悠，独怆然而涕下"之感。龟兹壁画如楼窗千孔，层层入云，它们从 2 世纪开始营造，一直延续到 13 世纪，比敦煌莫高窟的壁画还早。时隔千载，物换星移，龟兹壁画仍然保持着鲜明的色彩，呈现在今人面前。古代艺术家们用赭色画出匀称的衣褶，用粗犷有力的线条画出力士的雄健，他们对色彩的随意自如地支配和对线条的游刃有余地梳理，都清晰地铭刻在壁画的画面之上。这在艺术上不能不说是一个辉煌的、难以企及的高度，使我们在凝望之后只能暗暗叫绝，赞叹不已。

龟兹壁画已被公认为中华民族乃至全人类的艺术瑰宝，这份瑰宝就诞生在阿克苏地区的库车县和拜城县。在游完这一地区的时候，我们会惊奇地感到：这里不仅是艺术的宝库，更是一个可以使每一位游客沿着时间的隧道产生无尽遐想的梦幻之乡！

天池的宗教和历史遗迹

天池留下了许多有关宗教的传说故事。

天池东南的博格达峰,琼妆玉裹,如壁如削,巍然挺立在天山东段主脊的顶端,为东天山的最高峰。山高必使人们敬仰,于是有了达摩祖师曾在此面壁修行的传说,如壁的博格达峰也就被称为"达摩崖"。

达摩是南天竺(印度南部)的菩提僧,自称摩诃迦叶(释迦牟尼弟子)的第二十八代传人,梁武帝时,从海道来到中国。北魏孝昌三年(527年),他到达嵩山少林寺,广集信徒,传授禅法,成为中国佛教禅宗的始祖。"禅"在梵语中为"静坐思虑"之意,面壁坐禅是禅宗的基本功,又称"修壁观"。达摩自己就曾在少林寺后的五乳峰上的一个石洞中"壁观"10年(应为9年,佛教中9为最大数),"面壁十年图破壁"讲的就是这一段故事。

上面所说的达摩虽然未曾来到新疆,但禅宗面壁修行自然会在唐代佛教兴盛时期传到新疆,何况,经行天山的还有两个达摩呢。一个是在隋初由天竺来中国的译经僧达摩笈多,法号法密;另一个是唐天宝年间的悟空和尚,他是随唐使张韬光于天宝十二年(753年)出使犍陀罗的,4年后他在此出家,取法号为法界,梵名达摩驮都,至唐德宗贞元六年(790年),他取道新疆返回长安,在印度进修佛学达40年,在佛学的发展中亦有相当贡献。虽然,此达摩非彼达摩,但崇尚佛教的信徒们将他们与博格达峰相联系,也不是不可能的。在天池东北岸依山傍水处曾建有达摩庵,又称"娘娘庙",也是出自对达摩法师的纪念。达摩庵是因达摩而起名,娘娘庙则是为供奉西王母。两者何以联系在一起,达摩又为何以"庵"为名,则使人有些费解。现在该庙只剩宽阔的平台。在庵后山坡上是居仙洞,依天然洞穴而建,洞内现还残存有壁画。

天池东侧,山青石墨,莽莽苍苍,与戴玉披琼的"达摩崖"迥然相异,一片漆黑,远眺如少女的披肩长发,故被说成是十万罗汉削发的遗迹。在博格达主峰南侧,层峦叠嶂,白石累累,仿佛堆堆白骨,又相传是十万罗汉涅槃之后,留存人间的"灵骨"。地质地貌的景观,一经披上佛教的色泽,确也蓬荜生辉,增加人们想象的效果。

八大寺中的福寿寺,位于天池西岸 500 米处,原名铁瓦寺。相传此寺为道教遗迹。铁瓦寺重修后改称福寿寺。从现存的福寿寺当年景象的照片看,寺占地面积不小,外形如四合院,有三重庭院,门前有高高的桅杆,进香游人如织,是天池地区第一大寺。

天池南岸临水的山脊上,曾建有庞真人祠,还有遗址已不可寻的无极观,皆是典型的道教遗迹。元代初年,长春真人丘处机西行拜谒成吉思汗,途经博格达峰。

丘处机,字通密,号长春,是金代元初道教大宗师。他在陕西宝鸡龙门山创立道教的全真龙门派,为元太祖成吉思汗敕封为"大宗师",赐号"神仙",命掌管天下道教,是道教所尊崇的祖师之一。丘处机对道教在新疆的传承具有重要的影响。迄今,海内外流行的新派武侠小说,常常将丘处机与天山联系在一起,也正是利用了这种影响。

在天池娘娘庙同侧往南约 1 千米处的山脚,曾有一个两层阁的八卦亭,亭侧建有一小庵,名太虚庵。亭、庵均建于民国年间,据说是当时一位失势军阀隐世修道之所,现亭、庵也随那军阀的杳去而失了踪迹。

在天池西侧的灯杆山下,原建有一座山神庙,又称博岳庙或东岳庙,是用来供奉博格达峰之神的。始建于清光绪十四年(1888 年),门面气派也十分轩昂,现仅残存墙基和倒塌的梁柱。

　　在天池西岸山梁上，曾建有海峰亭，又名望海亭。登上此亭，天池湖水即尽收眼底，故有"望海"之名。

　　天山，几亿年来经历了大海、陆地、高山反复的变化，也正好应了道家关于由"道"而演变万物的观点。

古代和田的老鼠崇拜

马品彦

老鼠这个不起眼的小动物,长不盈尺,重不逾斤,但尖齿利爪,盗人粮谷,毁人衣物,为害甚巨。又因繁殖快,生命力强,总是除之不尽,所以人鼠斗争自远古延续至今。在科学高度发达的今天,人们对鼠患仍无根除良策,即使在美国总统办公的白宫,老鼠照样登堂入室,肆虐横行。据《新疆日报》报道,和田地区去年鼠害严重,今年春季仅从鼠洞中挖出的棉花就达4万千克。老鼠的猖獗和危害之大令人吃惊。在为害人类的几种小动物中,老鼠被列为首位是有道理的。"老鼠过街,人人喊打",充分反映了人们对老鼠的憎恶之情。如果你听说有人对这人人得而诛之的老鼠视若神明,甚至修祠祭祀,奉献香火,顶礼膜拜,一定会认为这是芝麻开门式的天方夜谭。但这并不是天方夜谭,而是实有其事,外国有,中国也有。

在印度西部有个拉贾斯坦邦,该邦的印度教徒认为老鼠是印度教崇拜的象头神的朋友,于是他们爱屋及乌,在拜象头神的同时,对老鼠也顶礼膜拜。由于老鼠不在印度教崇拜的神灵之列,该邦的老鼠崇拜没能达到组织化和正规化,老鼠也没有单独的神庙。至15世纪时,该邦德萨努克地方的一位热衷老鼠崇拜的印度教徒,出资兴建了一座老鼠庙,使该邦的老鼠崇拜从此进入组织化阶段。为了维护老鼠庙的神圣尊严,该庙做了许多规定,如:凡入庙朝拜者必须给老鼠奉献食物;无论在任何情况下都不得伤害庙中的老鼠,即使无意中踩死一只老鼠,也要赔偿一只同等重量的金老鼠给庙里。尽管有这种严格甚至苛刻的规定，该庙建立五百多年来却一直香火兴旺，前往朝拜的善男信女至今络绎不绝。

拉贾斯坦邦人对老鼠的崇拜可谓至虔至诚，如痴如狂，世所罕见，但要同新疆古代和田人对老鼠的崇拜相比，只能说是小巫见大巫了。早在两千年前，和田人就奉鼠为神，还为老鼠修了坟，建了庙。上至国王大臣，下至平民百姓，举国敬鼠拜鼠。人们不仅去老鼠庙、老鼠坟敬拜老鼠，见了老鼠洞也要顶礼膜拜，虔诚祈祷，以求福佑。奉献给老鼠的祭品，既有美味佳肴，也有衣服弓矢，更有趣的是竟然还有淑女贵妇们所喜欢的香花。古代和田为什么独独对这人人憎恶的小动物情有所钟，将其奉若神明并狂热崇拜呢？一个神奇的传说道出了其中的奥秘。

唐代著名高僧玄奘在西行求法途经和田时，从民间听到了这个传说，并以"鼠壤坟传说"为题，把它记入了《大唐西域记》中。传说是这样的：

在和田王城西面一百五六十里的大沙漠的正路中有一个大土堆，这就是鼠壤坟。听当地人说，这一带的沙漠中，老鼠像刺猬那么大，一只毛为金黄和银白二色的巨鼠，是当地鼠群的首领。这只老鼠十分威风，每当它钻出洞穴到地面上游玩时，都有一大群老鼠扈从。关于这群老鼠，当地流传着一个神奇的传说：从前，有一次匈奴发兵数十万，进犯和田边城，在到达鼠壤坟时，就在坟旁驻扎下来。当时，和田王手下只有数万兵马，担心抵挡不住十倍于己的敌兵。平时听说沙漠中的老鼠有些奇异，只是还没成神。等到匈奴兵大举进攻时，和田王到处找不到救兵，上下一片恐慌，不知计将安出。无可奈何之中和田王只得抱着试试看的心情设祭焚香，祈请老鼠救助，希望它能显灵，多多少少增强一点自己的军事实力。这天夜里，和田王果然梦见一只大老鼠来对他说："敬从命愿意帮助您，请您早早整顿兵马，明天迎战敌军必定能克敌制胜。"和田王醒来知道有神灵相助，于是立即跳下床，整顿兵马，下令将士整队出发，乘天色未明长途奔袭匈奴大营。和田军队似天兵降临，匈奴将士突闻人喊马嘶，无不胆颤心惊，于是一个个正要披铠执戈上马迎敌时，突然发现马鞍、衣服、弓弦、甲链等等，凡是有带子的物品，上面的带子都已被老鼠咬断了。等和田兵杀到时，一个个只好束手就缚。于是和田军队杀其将领，虏其士兵，大获全胜。消息传到匈奴，匈奴大感震惊恐慌，以为和田是得到了神灵保佑和相助。战争结束后，和田王为报答神鼠救国大恩，专门修建了老鼠庙，四时供奉祭祀，并要人们世世代代遵行不变，虔诚敬拜神鼠。自此以后，在和田王国上至君王，下至平民，举国无处不祭拜老鼠，以求得它们的赐福和保佑。人们在走近老鼠洞时，也要下马到洞前礼拜致敬，供奉祭品以求赐福。供奉的祭品有衣服、弓箭，也有香花和各种美味佳肴。如果朝拜者虔诚供奉祭祀，往往能得到许多好处，否则就会遭灾遭难。

这个传说可谓源远流长。在玄奘西行一千多年后的 20 世纪初，来新疆盗掘文物的英国人斯坦因，在和田也听到了这个传说，"只不过稍加更异，取其合于回教（伊斯兰教）的观念而已"。也就是说，这个传说在穆斯林中经过长期流传，在形式上已有所不同，已被穆斯林按照伊斯兰教的观念加以改造。斯坦因对这个源远流长的传说发生了浓厚的兴趣，于是他按照玄奘所说的方位，对鼠壤坟进行了考察。根据考察和研究，他认为位于今和田地区皮山县东边皮牙勒马以东 25.7 千米的库木拉巴特·帕德沙黑木麻扎就是玄奘所说的"鼠壤坟"。这是当地的一个伊斯兰圣地，以鸽群著称，俗称"鸽子麻扎"。斯坦因到来之时，这里"还有几间木屋和木栅为鸽舍，栖息着数千只鸽子，来往行人都要给鸽子供以食物。作为宗教圣地，每年都有大批穆斯林前往朝拜。在这里，"鼠壤坟传说"中的金银二色的神鼠被一对神鸽所取代，鼠群被鸽群取代。相传这对神鸽是从伊斯兰教伊玛目沙基尔·帕德沙心脏中神秘地产生出来的，这位英雄是在一次与和田佛教徒的战争中死去的。斯坦因认为这座鸽子麻扎乃用以纪念玄奘所说关于鼠群协助瞿萨旦那（和田）王战胜匈奴兵的功绩的。清朝乾隆年间,这个圣地又产出一个鸽群引导迷失道途的平定大小和卓叛乱的清军出险的神秘故事。光绪初年,据说这里的鸽群又救活了陷入沙漠,非水不能活的清军将领董福祥率领的讨伐和田叛军的湘军。

从上述诸传说不难看出,由神鼠到神鸽,由鼠助和田王打败匈奴到后来的故事,无疑源于先前的传说,这种情况在新疆是较普遍的。

鼠壤坟的传说已无从稽考,但古代和田人崇拜老鼠却是有根据的。20世纪初,斯坦因在和田的丹丹乌里克遗址发掘时,在一座巨佛座脚下发现了几块木质画版,带回伦敦清洗后,看到其中一块上面画一"奇异的鼠头神"(此画版现存英国大不列颠博物馆)。据他说,起初他并不理解这块画版,只是有了玄奘的记载,他才看懂神画版,给玄奘的记载做了一个权威性的注释。两者相互印证,表明古代和田人确实是崇拜老鼠的。

古代和田人对老鼠的崇拜堪称奇绝,古代和田人关于老鼠的传说更是一篇绝妙的神话佳作!

清代人笔下的维吾尔族宗教习俗

何汉民

维吾尔族穆斯林绝大多数人属伊斯兰教逊尼派（又称正统派），但它的许多宗教习俗却呈现出浓厚的民族特色。这在清代人笔下有非常精细的描写，幸有此，才给我们提供了形象生动的历史画面。如《西域闻见录》卷七说：

回地（维吾尔地区）各城均于城东架木为高台，每于申未酉时，于其上鼓吹送日西入，毛喇、阿訇人等，西向礼拜，诵经，谓之"纳马兹"。其"纳马兹"均于日将出日将入及五鼓并巳未等时，日或五次。

《西疆杂述诗》卷三同样记载：

回教之敬太阳至诚不懈，自东方将白，先立土台诵经迎之，晚再诵经送之。此凡知诵经者，每日所必行之礼也。富室另有高台，傍晚设鼓乐于上，长吹大击以为送日之仪，此举往昔盛行，近来稀少。

日出日落，登上高台向太阳礼拜，特别是傍晚奏乐欢送太阳，是阿拉伯世界宗教礼拜仪式中所没有的。这显然是古代维吾尔族崇拜太阳、崇拜天（腾格里）的延续。据史书记载，匈奴单于早晨出帐要先拜太阳，晚上拜月亮。匈奴单于自称"天之骄子"，匈奴人每年5月要"大会龙城"，举行隆重盛大的祭祀活动，祭祖先、天地、鬼神。柔然也以东方为贵，帐篷、坐席都要面朝东方。突厥可汗牙帐的门也是向着日出的东方。拜火教也崇拜日月星辰，新疆古代居民"俗信天神火神"。摩尼教的大明神即是太阳和月亮。维吾尔族与匈奴、柔然、突厥等同发源于蒙古高原，历史上信仰过萨满教、拜火教、摩尼教，840 年迁入新疆后，又改信佛教，一方面影响当地的土著居民，另一方面也被影响，所以它的宗教信仰中保存一些古代的习俗也就不奇怪了。

高山大河也是新疆古代居民崇拜的对象。《山海经》就记述了新疆及其附近地区的高山、大河、大湖的守护神。匈奴人崇拜杭爱山，突厥人崇拜勃登凝梨山。新疆境内的天山、博格达（神圣）山、喀喇（伟大）昆仑山等山名，都表示了命名者的崇拜之意。《回疆志》卷二记述了一个方位明确的山，一个和卓圣人的神话，以及当时维吾尔人崇拜神山神水的情景：

喀什噶尔正北八十余里，山名图书克塔克，在玉斯图阿尔图什山之西四十里，系大雪山。其山高而凌险，皆走石流沙，周围无可入之路，惟山之裂石罅间有一鸟道，人虽能入而不可并行。坡盘六七里上至一山间平岗，方圆三十余里，草肥水碧，四面尽悬崖绝壁、断岭奇峰，唯可望而不可登。又有甘泉瀑布流至山洼聚成深潭数处，且有虬松苍柏杨柳果木，树西有一大孔穴，远远望之状若缸口，土人名之曰图书克洞，又有木梯，人可视而不能近。土人言此洞乃玛哈木营敏之大门人罗秋满斯梯入斯洞，修心学法升天之处，人若虔心往拜尚能观形，曾有人见者故回酋布拉尼敦，每按新年第一日必亲往朝而拜之，谓之敬神信圣，以感动人民。至今回人之海连塔尔尚常往，望山叩拜，因其中多熊虎巨蛇，故惧不敢深入，各城回人悉遵此礼，因其路遥远，身虽不能至而每逢应拜之期亦必瞻望而拜之。北大雪山，回人云雪山冬夏长积融化之水，可资养万民，乃圣人牌罕帕尔玛哈木营敏欲安住此一方人，因其地无雨泽，且圣迹神山恐人践踏，故作法积存万年不化之水雪，滋养生灵。回人之海连塔尔每逢秋牧以后，往各村庄募化杂粮，备治饼饵，望山而祭之日，我等乃遵圣人遗制，替众人酬谢神山神水，报答养育众生之恩。

玛哈木营敏、布拉尼敦都是一脉相传的和卓，历史上实有其人。和卓在阿拉伯语里是"圣裔"的意思。

海连塔尔，清朝文献记载是和卓的"家奴"，兼有巫师之职，其实是一种伊斯兰式的游方僧。《回疆志》就记述了在喀什以北40千米的图书克塔克大雪中的这样一个幽静去处。

在叶尔羌城内也有清人留下的记述：

叶尔羌城内有古塔一座……高三十余丈，顶可容廿余人，自座至顶绝无木石，尽是陶砖石灰砌就，自远视之形若天柱，土人名之曰图特，天欲雨塔内必潮。

这座古塔想必是佛塔，今已不见。城南约二十千米处还有一座破落墓地，《回疆志》卷三记：

坟墓俱已坍塌，基址犹存，左有松柏数十株，有石马石驼，又有石人两对，日久皮剥，眉目皆不能辨，土人每欲搬废辄为淋雨大风所阻。

有石人石马石驼的墓地，在中原的帝王陵园里多见，当地有些人想铲平这座"奇怪"的墓地，几次都遇狂风暴雨，以为是惊动了神灵，所以不敢再动手。可见在维吾尔人的观念里，尚存有自然崇拜的习俗。和田有一座科赫马里木麻扎，汉译"蛇山墓"，位于一座土山之上，峭壁下为墨玉河，据传这是古人拜水的地方。蛇者，龙也。这里还有数量相当的以动植物命名的麻扎，如白杨树麻扎、胡杨树麻扎、桑子麻扎、蛇山麻扎等，这大概是萨满教万物有灵及树神崇拜的遗存。

祖先崇拜也源于灵魂观念。匈奴人每年在祭祀天地的同时也祭祀祖先。突厥可汗在每年5月中旬，都要率领各部贵族去祭祀传说中祖先居住过的山洞。鲜卑族也有祭祀祖先的习俗。他们把祖先的墓地看得很神圣，不容别人亵渎。东汉时乌桓人挖了匈奴单于的墓，结果引起匈奴攻伐乌桓。维吾尔族当然也不例外地保存了这种祖先崇拜的习俗。《回疆志》卷二记：

回人无分贫富，日皆三餐。未食之先必往家堂，望空叩谢，谓之请伊先祖，祭后方敢食。虽在颠沛之际及宴乐之时皆不敢忘，……

这种祖先崇拜的习俗，和伊斯兰教相融合，又形成了颇为壮观的麻

137

扎崇拜。新疆的许多大麻扎,如库车的额什丁麻扎,霍城的吐黑鲁铁木儿麻扎,喀什的阿帕·霍加麻扎,叶尔羌的阿同麻扎,以及许许多多的"圣人"麻扎等,都是维吾尔族朝拜的圣地。阿帕·霍加说,朝拜他的麻扎5次,等于去麦加朝圣一次。麻扎朝拜因此也和圣人崇拜混为一体。《回疆记》卷三记载了和卓的奇迹:

> 乌什城之西南四五里处有蟠柳,一丛连根挺发百余株,高者三十余丈,或曲或直或卧或立,嫩绿垂英,枝根荫潭,密柳中环抱清泉数处,深者丈余,浅亦数尺,虽隆冬不冻。土人云千岁之前其水多蛇,由温都斯坦(印度)来一和卓,在此种柳念经,其蛇自此俱无,此处名索特胡玛杂尔。

麻扎在穆斯林特别是在伊禅派信徒心目中的地位,远远超过了清真寺。他们认为清真寺是举行礼拜,完成宗教义务的场所,而麻扎则是自己灵魂的拯救者,消灾避祸、生活安乐幸福的保佑者。因此,他们不畏酷热严寒,路途艰险,纷纷前往麻扎朝拜,甚至不惜家财,为麻扎供献祭祀,以求麻扎的佑助。和卓和依禅们也常常住在一些著名麻扎里,参禅打坐,给自己罩上一圈神圣的光环,还说"圣人死后在墓穴之中也能如生前一样行云施雨,佑助祈求者"。

《西域图志》卷三十九记载了朝拜麻扎的画面:

> 每年两次,众人赴玛咱尔礼拜诵经,张灯于树,通宵不寐。

> 玛咱尔有香火田亩,以供祭祀之需。又回部前有得道者,如哈帕体和卓、布楚尔哈尔和卓辈,共有七人;每月四次,众人馈送阿訇,向七和卓像礼拜诵经,贫富贵贱皆然。

> 其大年前十五日,相传教主是日下降,监察人间善恶。先一夜,举家昼夜诵经不寐。近旦,悬葫芦于树,盛油其中,点以为灯,油尽灯落,遂踏破之,以是为破除一切殃咎云。

由以上可以看出,朝拜麻扎的活动中保留了许多古代的习俗,如拜火教、萨满教,甚至佛教的一些遗风。伊斯兰教禁止偶像崇拜,但维吾尔人有"七和卓之像",并且向偶像"礼拜诵经"。在麻扎朝拜中,还伴有舞姿粗犷的萨满舞,在麻扎周围插树枝,在树枝和灌木上绑碎布条,把祭祀用的牲畜的皮、头、尾巴一起挂在木杆上,向死者供献祭品等。

很多依禅还扮演巫师巫医的角色。黑经,维吾尔语哈喇尔术,是原始巫术。它分"白色的巫术"(给人带来好运的)、"黑色的巫术"(给人带来灾难的)和"砟答"(求雨仪式)等类。如在稻草人、小布人等偶像身上扎钉子、针之类,并口诵咒语诅咒所憎恨的人,这就是"黑经"。《回疆则例》卷六有"禁止莫洛(毛拉)回子习念黑经"条款,即证明维吾尔族还保存有原始巫术的习俗。

20 世纪初斯文·赫定在他的游记里讲述了一个维吾尔村子里,巫师给病人治病的精彩片断,可以印证清人记述的不妄:

叶尔羌河右岸,有个村子叫麦尔凯特,当时村里流行传染病,村民很少用药治病,多是请巫师驱鬼消灾。法于晚间举行,熄灯火,三个长胡子老人穿白袷祥,手里拿犊皮鼓,来到生病人家敲击。初以指敲,声甚急,唯颇一致,无参差。继以掌,仅一击,终以拳,六击而复以指,循环不已。有时作婆娑舞,有时掷鼓空中,承以手同声一击。如此者约五分钟,咚咚声如雷,九次乃已。其意以为病者皆有鬼附,击鼓所以吓鬼,鬼逃则病自愈也。妇女生育时,请巫师驱鬼消灾的尤其多。也是晚间举行,只是法稍异。其法:巫入病室,先注视灯光,谓可由光中见依附妇人之鬼。继则敲鼓如前法,敲时邻居们都来了,敲击告终,众人退,只留下巫师与病妇在室内。巫植木棍于地之中央,坚持之,上端束绳,系之天花板上,使病妇用力引绳,松解乃已。巫再击鼓,谓鬼已远离。鹰在其地,也被视为与巫有同等法力之神物,所以妇人病时,常有放鹰室中驱鬼者。

宗教习俗是一个民族精神生活的组成部分,也是历史的延续,不会骤然消失,所以也是一处文化的景观。

古代突厥人的萨满教

凯兹拉索夫

西伯利亚各民族信奉的萨满教的起源、发展和形成等问题在学术界引起过积极的讨论。一般认为，萨满教的起源可追溯到青铜器时代甚至新石器时代。最早记载萨满教的文献是著名历史学家麦南德尔·普罗杰克托尔在叙述 568 年拜占庭使者齐马尔赫到阿勒泰的突厥可汗驻地的旅行报道：这个部落（突厥人）的某些人确信，他们有驱赶不幸的能力，他们走到齐马尔赫跟前，给这位罗马人拿起他随身携带的东西，把它们堆放在一处，然后用黎巴嫩树枝点火，用一种斯基泰蛮语低声念咒，一面在行李的上方摇铃击鼓。他们手持黎巴嫩树枝兜着圈子，树枝烧得噼噼啪啪地响，他们发狂似的说着恫吓的话，仿佛已经驱走了恶魔。他们认为有力量驱走恶魔，使人从不幸中解脱，并且以为已经替齐马尔赫阻止了所有不幸，于是领着他越过火焰，仿佛他们自己也得到了净化。

中国编年史《新唐书》在关于 7~8 世纪古代哈卡斯的报道中说："人们在田野里祭神，祭礼没有固定时间。萨满被称为加尼"。这是文献史料中首次出现的萨满的汉语音译。突厥语萨满名称——"卡姆"（当时的哈卡斯名称是"哈姆"）。毫无疑问，萨彦——阿勒泰高原的操突厥语的部族在 6~8 世纪已有了职业教士并把卡姆作为正式宗教。这使我们能够推测，古代南西伯利亚突厥语诸族在较早时期就已信奉萨满教。广泛分布在哈卡斯－米努辛斯克盆地的塔什蒂克时期(公元前1世纪至5世纪)的萨满举行庆典的岩画证实了这种见解。他们举行祭祀,祈求生产的丰收,祈求狩猎的收获和军事的胜利,祈求克服自然灾害及疾病,祈求与恶魔及异族萨满的交战的获胜等等。

从索列诺湖络绎向东,沿吐斯卡尔湖北岸,山岩上分布着多层岩画人和动物的图案。可惜,塔什蒂克岩画由于岁月的流逝和人为的毁坏已严重受损,我们只能看看它比较清晰的萨满教的两段。

第一段是萨满与类人及类兽神灵交战的画面。保存最好的是一幅萨满武士像。武士威严伟岸,挺胸而立,左手执铃鼓,右手握箭形木槌。头部上凸稍尖,覆盖着不知是一绺蓬松毛发抑或是戴在头上的平面头盔。从后面插入毛发和左肩的3根尖状物可能表示击中萨满的标枪。萨满武士的手和肩裸露,背索式的金属铠甲遮住从腋下到腰的部分,下面显然穿着护腿,这种护腿可能是用防护的金属片加固的。

众所周知,很早以前西伯利亚各族的萨满就经常起着出征的组织者和军事领袖的作用,他们都有片式铠甲。17~18世纪,防护铠甲还为西伯利亚许多民族所熟知,他们并制造这种铠甲以期实现战争的目的。在瑟姆斯克的鄂温克人中,铠甲就是萨满的服装,而西伯利亚各族(包括哈卡斯)的萨满服装基本上都包括了片式铠甲的成分。

塔什蒂克萨满武士左手的鼓被刻成上下延伸的椭圆形状。这与哈卡斯萨满的铃鼓相似。据最近的解释,萨满的鼓再现了世界之卵——有垂直划分的天、地和地下三个世界图形的宇宙,宇宙体(太阳、月亮、星星等)和世界树的图案。

塔什蒂克鼓上所画的地,如同现代鼓一样,腰际画着一条"之"字形或内三角链带形的横带。按哈卡斯萨满的解释,这描绘的是大地的三层和沿大地延伸的山的链条。塔什蒂克鼓中间,垂直画着宇宙之物——世界树。它从大地向上生长伸向天际,向下的树梢直到地下世界。在哈卡斯和邵尔人的鼓和 macax（织物上神灵的画像）上也画有对称排列的树。

岩画上，鼓的周围挂着 12 枚三角形铃铛，其中 6 枚固定在天际，1 枚位于大地的中腰，5 枚在地下世界。尽管铃是萨满服装上和鼓上的普通物品，但在这里它们的截面的形状却是匈奴——萨尔马特时代所特有的，呈三棱形、四方形。

第二段是在吐斯卡尔湖岸的同一萨满图画中，这是一幅少见的图像，画着一口塔什蒂克大釜，釜底呈锥形，柄略呈三角形，此釜可能是青铜质的。锅后站着一个穿衣男子，身子面对正面，而头向左转成侧面。人物左手似乎抓住釜沿，而右手正把宰杀了的动物的整个躯体放入釜中。这是一匹马驹，它那连着低垂着的头的躯体的前半部分放在釜内，后部明显地挂着钩子，后腿和尾巴还在釜的外面。当然，画面完成得非常程式化（釜的侧壁仿佛截断了马驹的后腿和躯干），但整个画面的含义是十分明显的。用儿马做祭，做好并食用其整个躯体是大部分萨满庆典和社会性祷告活动特有的项目。祭天、祭山、狩猎动物、婚丧和忌辰等活动都要上供和进行祭祀宴。例如，在邵尔人中，为行巫术给天神乌利根祭献的马驹是乌利根自己早就做了记号的。每个品种的毛色都有特殊规定……行巫这天，作祭的马不能大于 7 岁，最好是 3 岁。这种马称为"恰巴加"，任何人不能骑乘，不能给它戴笼头，不能让它与母马交往。不仅它的主人，全氏族成员都很严格地关注这一切，它被认为是公众的。它的身上不能有任何斑点的毛色。行巫术前马被牵来，用套索拴住马腿，头向下地悬系在四根立柱上令其闷死，这是为了不让它流出一滴血……认为用作牺牲的马是乌利根的儿子，称其为"克奇甘"。巫术仪式完毕，肉立即熬在大釜里煮熟食用，这也属于祭献动物的圣餐仪式。

在阿勒泰地区有一段记述与塔什蒂克仪式比较相似的民歌："两

个冬天,两个春天还没过完,多少臕肥的马儿宰杀了,煮进了大釜中,多少支歌儿唱了,多少婚礼办了——数也数不清了……

这些资料非常珍贵,是在研究哈卡斯－米努辛斯克盆地古突厥语居民引人注目的岩画的某些情景时所获得的。

维吾尔人的丧葬风俗

海来特·尼亚孜

　　就像维吾尔人的婚礼仪式有喝不完的酒一样，维吾尔族人的丧葬仪式有念不完的经。虽然同为穆斯林，由于受到民族历史文化及生活方式的影响，维吾尔人的丧葬风俗却有别于其他信仰伊斯兰教的民族。最近，记者亲历一位逝者的葬礼，目睹了维吾尔人传统葬礼的全过程。

　　首先，维吾尔族人一听到某人去世的消息，只要是自己认识或熟悉的人，都要停下手中的活计，双掌展开举在脸前，口呼"阿敏"，进行"都瓦"，表示对这一消息的惊愕以及祈祷逝者的灵魂升入天堂之意，并要在第一时间，将这一不幸的消息通过各种方式传递给周围其他与逝者有关的人。

　　维吾尔族人信奉伊斯兰教，所以他们的丧葬风俗处处渗透着宗教痕迹。只要有可能，在逝者临终前，就要请附近的阿訇、毛拉（神职人员）或长者，主持临终者与主要直系亲属之间的遗产分割及遗言确认等事宜，在双方确定没有异议后念经，接受命悬一线之人临终前的忏悔，超度其免受临终前肉体病痛的煎熬，使其灵魂安详地脱离肉体凡世，升天而去。临终者气绝后，立刻要由神职人员或在场的男性长者，抚平其没有闭住的眼睑，用白布将其下颚托住，绑在颅顶，以避免其嘴没有合拢而伸出舌头，并将双脚大拇指绑在一起，双手平放在胸前。此时，一要由逝者家族的男女长者，给其主要直系亲属和少数帮忙操办丧事的好友带孝，男性以白布缠腰缠冠，女性同样白布缠腰，戴一层或两层白布头巾。缠腰白布和白头巾拂晓时戴上,黄昏时解下。

维吾尔族人的遗体一般不过夜,如能来得及"就要在正午乃麻孜(穆斯林每天 5 次拜功之一)后下葬。灵柩下葬前,要由神职人员洁净身体,裹上一层白布,安放在灵床上,然后由亲朋好友抬到附近的清真寺,在此各自净身后,由主持阿訇带领本寺信众,领举宗教送葬仪式,主要就是念一段有关殡葬的《古兰经》经文。礼毕,则由逝者的亲朋好友抬着灵柩,跟着其主要直系亲属直奔墓地。现在城乡的维吾尔人送葬多以车代步。在墓地,要将遗体面西下葬,在下葬的过程中,遗体不能见阳光,除了一层裹尸的白布,没有任何随葬品。因为维吾尔族穆斯林,讲究赤条条地来,同样赤条条地去。有些地区有守墓的习俗,即由亡者的儿子夜晚带着被褥,到墓地陪伴亡者 7 日,以避免亡灵在墓地孤单寂寞。逝者的直系亲属 7 日内一般不回自己的家,都要在逝者家里服丧,成年男性留须 40 天以示悼念。

除了送葬仪式,维吾尔人一般还要举行 3 日祭,主要是邀请亲朋好友参加,主要的内容为大家聚在一起吃顿简单的饭菜,诸如抓饭之类,然后由神职人员念经,并于第二天清晨,由逝者主要的直系亲属到墓地扫墓念经。7 日祭则规模大一点,邀请亲朋好友、单位同事参加,还要发出请柬,然后就是 40 日祭和 1 周年祭,祭奠活动的规模同 7 日祭。这些祭奠活动在维吾尔语里称为"乃孜尔",餐毕必念经。7 日祭后,由家族长者解下逝者亲属的白布白头巾,由逝者亲属的朋友,将逝者亲属分别领回各自的家。另外,维吾尔族家庭主妇在服丧期间,7 日内一般不举火做饭,每逢星期四都要闻油,即炸制油饼,以示对亡灵的悼念。亲朋好友及邻居的主妇要给居丧人家送饭,大多是诸如烤包子和薄皮包子之类的,装在一个盘子里,外面裹上餐布,俗称"塔瓦克",以示慰问和哀悼。现在的维吾尔族城市主妇一般顺路在超市购买现成的"塔瓦克"送上。遗孀则要守灯,即要保持亡夫住过房间的灯亮一年,并不得随便外出。开斋节和古尔邦节乃麻孜后,亡灵亲属都要上坟扫墓念经。

如遇穆斯林的斋月，白天一律不举办任何祭奠活动，所有的祭奠活动改在黄昏开斋之后进行，而且规模也比平时小得多。

提到维吾尔人的丧葬风俗，不得不提到葬礼上维吾尔族妇女的哭丧习俗。在新疆，特别是阿图什和塔城一带，当地维吾尔族妇女都有哭丧的习俗。听她们哭丧，那真是可以上升到某种美学意义上。她们轮番"上阵"，尽量将逝者生前的品德秉性、音容笑貌、丰功伟绩和曾做过的好事以及哭者与逝者的各种关系等，十分巧妙地结合起来，编成顺口溜之类的诗歌语言，就像哈萨克民族的阿肯弹唱一样，现编现唱。真可谓声泪俱下，情感丰富，至诚至敬，催人泪下。

现在的维吾尔人正在逐步简化或省略某些不合时宜的丧葬风俗，使葬礼适应现代城市的生活方式，更有一些顺从逝者的遗愿，将举办各种葬礼的钱财，捐献给贫困地区的教育事业。这是当代维吾尔人的一大进步。此举是在不违背逝者遗愿、教规教义和亲属意愿的前提下，将过去单一的宗教葬礼尽量世俗化，对维吾尔人通过努力实现全民教育，提高民族素质，尽快实现维吾尔民族的社会转型，具有不可估量的促进作用，值得全民族踊跃效仿和大力提倡。

民 间 工 艺

和田桑皮纸制造过程

李吟屏

　　和田桑皮纸的制造始于何时,未见历史记载。和田古遗址出土纸质文书多为 8 世纪及其后遗物,均流失国外,不知是否为桑皮纸。近年征集到一片采集于皮山县北废墟的桑皮纸,上书波斯文,约为宋元时期之物,据此推测和田至迟在 11 世纪前后已制造桑皮纸。现存清代维吾尔文文献,均书于和田桑皮纸,可见和田造纸业曾经颇为兴盛。近代尤以洛浦、和田、皮山等蚕桑发展地方的造纸工最负盛名。民国五年(1916年)新疆统治者杨增新为节省政府开支,曾训令全疆文武各机关通用和田桑皮纸,并在省城培训和田造纸工匠,改良工艺,使和田造纸业进一步发展。

　　和田桑皮纸又称"皮纸",古称"桑穰纸"。这种纸的制法明代学者宋应星在其所著《天工开物》中有详细的记载,因其用桑树皮的韧皮部为原料,而韧皮又名"桑穰",故称"桑穰纸"。桑皮纸厚突粗糙,多用于糊窗或包物,旧时作书写材料,往往得用玉石砑光后使用。

147

　　和田桑皮纸的制造工艺极为原始,甚至比明代《天工开物》中记载的还要落后,故其工艺流程可视为历史的活化石。现按其工艺流程,作如下叙说。

　　一、剥树皮。春夏之交,把喂过蚕的桑树枝收集起来,剥其皮为造纸原料。

　　二、削韧皮。用小刀把桑树皮表层的粗皮剥去,保留白色韧皮部作纸浆。

　　三、煮树皮。备大锅一口,注水,水中拌胡杨灰结晶碱,再把韧皮置于锅内燃火煮熬,使韧皮糜烂。

　　四、锤皮浆。把锅中煮烂的韧皮置于石板,用木锤砸粘,使其成糊状。此为内地纸料入臼受舂的变通。

　　五、捣浆。将砸粘的韧皮浆装入木桶,埋入土中数日,不时用长柄、十字形捣浆板上下搅动,使其成稀浆。

　　六、荡料。木桶边凿一水坑,坑之大小须能容纸帘。纸帘(维吾尔族匠人称模子)一般长70厘米,宽50厘米。帘布过去用白土布,现改用白纱布,透水性能好。帘布四边包裹红柳细棍,细棍又用细绳绷在帘框上,使其十分平展。纸帘上无一金属构件。匠人把纸帘置于水坑,从木桶中舀一勺纸浆铺于帘布,再用双手不断搓动短柄十字形荡浆板,使纸浆均匀地布满帘布。

　　七、起帘。浆水荡匀后,用双手迅速平稳地端起纸帘。

　　八、晒纸。纸帘被端到有阳光处使其排列有序地互相支撑于地面,以待帘上纸浆晒干。

　　九、揭纸。帘上纸浆干后自然成纸。此时逐一揭下叠齐备用或出售。纸张尺寸依纸帘规格通常长60厘米,宽40厘米。

异 域 寻 宝

新疆和田白玉的修饰、装潢技艺种类及其检测方法

何金明　何琳

　　新疆和田玉尤其是白玉、羊脂玉是世界上软玉品种中的佳品。但由于历史原因和经济利益的作用,许多人利用各种手法和制作工艺,给和田玉进行修饰和装潢,从而使和田玉中的次等品变得美丽诱人,售出好价钱。玉的装潢制作工艺已经流传了数千年,其修饰手法巧妙、工艺精湛,可以达到惟妙惟肖十分逼真的地步。但是,无论应用多么精湛的技艺手法给和田玉进行修饰装潢,均不能掩盖东方美玉——新疆和田玉的真实面貌。让我们通过科学的检测和锐利的双眼,对其修饰手法和制作工艺进行解析解密,对广大消费者及从业人员来说,学会识别真假新疆和田美玉是百利而无一害的。只要阅读本文后,可使您耳目一新,令您大开眼界。其做法祖辈相传,技艺奇特。现将新疆和田玉(含羊脂白玉、白玉、青白玉、青玉、糖玉等品种)的各类修饰、装潢制作工艺简述,仅供参考。

149

新疆和田玉的颜色修饰
技艺和检测方法

1. 染色修饰法。将和田玉中质地较差、透明度低等品种,进行白玉的颜色染色处理技艺。把上述次等品白玉染为红、黑、咖啡、黄等颜色,来充当天然新疆和田玉中的糖玉,及出土古玉的沁色玉出售。其制作工艺如下:

第一,用提油法来进行染色处理。将中国甘肃省产的虹光草草汁与和田白玉密封在一起进行小火烘烤(具体描述请参阅《宝玉石加工改色工艺与检测》一书 85 页)。该种技艺称作"老提油"染色法。第二,红木槠中微火煮沸上色工艺。第三,有机、无机染料染色技艺。第四,热醋淬火,上色技艺应用。第五,羊血上色技艺。该种上色白玉称作羊血玉。第六,狗血染色技艺,即狗血玉。第七,烧纬染色技艺。第八,烟熏染色技艺。第九,墨汁染色技艺。第十,乌梅水煮上色法。将次等白玉放入乌梅水中煮而上色。第十一,仿提油染色技艺。以上各方法和其他改色工艺请查阅《宝玉石加工改色工艺与检测》一书中的有关章节。请仔细研读各类技艺的特点,以掌握有价值的内容。

2. 白玉颜色增润增亮技艺

(1)煮蜡增润技艺。将所有白玉(无论原料、半成品、坯料、成品、玉雕件、玉坠等)进行煮蜡工艺处理。该工艺沿用至今其作用可以从两个方面加以解析。一方面增加了玉的润滑感,同时增加了白玉皮层的明亮性;另一方面增加了白玉颜色的白度和亮度。

(2)煮油增润增亮技艺。将新疆和田白玉(无论原料、坯料、成品等)放入油中煮。可达到下列目的。一是增加白玉的油性感、润滑感。二是增加白玉的明亮性和细腻性。三是可以增加和田白玉的白度和亮度。

(3)清水法。众所周知,在所有的珠宝玉器的柜台中、展台里,为什么都要放置一杯清水?其作用如下。首先,为了增加白玉的润滑感(当然,包括世界上所有产出的玉石在内均可应用该方法),因为,所有玉石、玉件多应用了煮蜡保护层。放清水的目的就是防止蜡被蒸发干而露出裂缝来。其次,放一杯清水也是防止柜台中空气干燥,增加湿度加强玉石、玉件的明亮感。

(4)玻璃罩法。该方法是将雕件、吊件、摆件等饰物用玻璃罩罩起来。其目的有两个。一是将出土的和田玉文物玉件,用玻璃罩罩起来,能保留其水分,不再被继续蒸发,保持文物的色彩和润滑性。二是可以增加其亮度。

(5)透明漆涂层法。现今许多人把那些皮层不太润滑的玉件涂上一层透明的清漆,以增加其色泽、润滑、亮度。这些方法都是比较简单的,只要留心您就可以发现,通过对比就会有一些心得。

3. 白玉颜色修饰后的检测方法

对于上述多种染色修饰方法和制作的白玉饰物,其检测方法可查阅《宝玉石加工改色工艺与检测》一书中相关章节里的评述。同时,可参照有关书籍相关内容。

新疆和田玉外形修饰、装潢
技艺和检测方法

1. 外形修饰、装饰艺术

(1)假皮壳修饰装潢法。所谓假皮壳技术指,将天然和田玉中的山料、水冲料,经过人工打磨,然后放到滚筒中抛光,整形修饰后,冒充新疆和田白玉仔料出售,从中牟取暴利。由于其外壳与羊脂白玉仔料相似,故可骗人。

(2)假糖皮壳装潢技艺。在白玉中,有一种叫做糖皮的品种(也称糖玉),由于糖玉可制作多种俏色玉件、玉坠等饰品,深受人们的喜爱。所以,有人将次等白玉料或成品人工制成假糖皮壳,企图冒充天然白玉中的糖玉而获利。还有一种将杂色和田玉人工制造出黑色皮层冒充出土古玉出售。天然出土的古玉中的黑色是水银与玉的作用生成黑色(也称作古玉的沁色),而人工制作是用墨汁浸透而成。

(3)人工制造残缺来仿制出土古玉器的外型装潢技艺。对于古玉器因长期埋于地下,由于各种原因,玉器、玉件的某部分残缺不齐,这是正常的历史文物。但现在人为制作成的残缺不齐的玉器经过人工染色,伪装成出土古文物,来骗取人们的信任。

(4)土埋、水土的浸蚀制作仿古玉石的假皮壳技艺。该技艺是利用现代近代制作的新疆和田玉(或其他玉石)饰物,埋入潮湿的泥土中,并经常给土中灌水,使玉器玉件皮层、皮壳形成一层沁质或沁色,形成一件与出土文物类似质地的外形皮层,让人看后感到真假难辨。

2. 旧货新抛光、加皮技艺

这里说的旧货,指那些佩带久的白玉或玉器出土文物。其表面不光亮或存在微裂隙,通过填充(如煮蜡,强力胶等),然后,利用现代抛光技术,对旧货进行抛光,增加旧货的光亮度,从而提高原货的档次。

3. 人工制作皮壳分化层技艺

这里讲分化层,指和田玉皮层,人工制作假分化皮层,来冒充古玉器。

4. 新疆和田玉外型修饰、装潢后,其饰物的检测方法

无论采用怎样修饰装潢技艺制作的和田玉饰物,与天然的和田玉饰品,无论质地和颜色,无论沁质、沁色都存在着本质的区别。详细检测内容,可查阅《宝玉石加工改色工艺与检测》一书。

三、新疆和田玉的仿古玉器、玉件的修饰、装潢技艺和检测方法

1. 利用新疆和田玉仿古玉器、玉件的制作工艺

(1)现代玉件,仿古代刀工技艺。采用现代、近代白玉料,仿制宋代、辽代、西夏刀工制作玉件、玉饰,然后再人工制成假色、假外壳、假沁色、假沁质,来充当出土文物或玉器玉件。

(2)近代玉器、玉件仿古代玉的沁质、沁色技艺。利用近代文物或现代的玉件,人工制作古代玉件的沁质、沁色,冒充古玉出售。如前述的羊

血玉器、玉件。狗血玉、乌梅玉等沁色玉件均可假冒古玉件的沁色。还可利用风冻玉、土埋玉等冒充古玉件的沁质商品出售。(沁色,指古玉器长期埋藏在泥土中,受到外部侵蚀产生化学作用在古玉器表面形成一层带颜色的色玉,我们称之为沁色)。一般讲,古玉均存在局部沁色,故沁色是鉴别古玉的重要依据。无沁色玉件一般不能称作古玉器。(沁质,指古玉器长期埋在土中受到水分、泥土侵蚀和有关物化作用,再加上化学离子的侵入,使古玉器皮壳上产生许多的牛毛纹、血丝纹,我们称该丝纹为沁质,也是鉴别真假古玉器的主要证据之一)

(3)现代玉器、玉件仿古代图案设计加工技艺。古玉器、玉件是真是假主要由3个方面来决定。第一,该玉器的图形必须像古代人设计的图案、人物特征。由于每个朝代各具特色,每个时代不能超越当时的人文特点,否则从图形上可判断其是否属于古玉件。第二,该玉器、玉件局部是否有沁色,可判断其是否属于仿古玉件,其中有沁色者必是古玉件。第三,该玉器、玉件必须有沁质。由于古玉件中的沁质属于大自然的杰作,目前还没有人工能制造出来。所以,沁质是鉴别古玉件的重要依据。

(4)风雪玉仿古玉器、玉件的技艺。所谓风雪玉是指利用和田玉中的次等品,将其加热到一定温度(大于 500℃),然后放在零下 10℃的温度下冷冻。这样会使玉器的皮层形成牛毛丝纹,再利用染色处理形成和田玉皮层的沁质、沁色,从而充当古玉器、古玉件出售。该方法是一种古老的工艺。

2. 新疆和田白玉仿古玉器、玉件的饰品的检测方法

请查阅《宝玉石加工改色工艺与检测》一书中的论述。同时可参看其他鉴别书籍的介绍。

新疆和田玉的类似玉石和
相似石的鉴定方法

1. 外形类似和田白玉的玉石种类

①青海白玉。质地、色泽类似和田白玉,但透明度比和田白玉好。②俄罗斯白玉。质地和色泽与和田白玉类似,但润滑、油性要比和田白玉差。③巴基斯坦白玉。色泽与和田白玉类似,质地和润滑、油性比和田白玉差。④戈壁玉。该玉绝大多数与青玉、青白玉色泽、质地类似。⑤人工制造白玉、青田玉。色泽类似,但质地、润滑、油性无法相比。

2. 色泽类似和田白玉的种类:①昆仑石中白色石头。②戈壁石中白色石头。③巴基斯坦白色石英。④白色石英岩石。⑤人造白色石头等等。对于类似和田白玉的相似石的鉴别方法,首先从质地结构上区别。真的和田白玉质地细腻,结构致密,而其他石均很差,特别是手感油性差。其次从透明度上区别。上述类似石比和田白玉透明度好,特别是青海白玉透明度最好。另外从物化性质上比较(即硬度、折光率、脆性等)均比和田白玉差。总而言之,新疆和田玉的修饰、装潢技艺千百种,流传了数个世纪,但无论采用了什么高明的工艺,也不能够制造出与天然新疆和田玉一样的质地,一样的色泽,一样的润性、油性和一样的物理结构和化学性质来。同时,修饰、装潢再巧妙也不可能与天然的和田玉一样。所以说新疆和田玉,尤其是白玉、羊脂玉是目前世界上惟一不能人工制造出来的。但有许多类似白玉的石头和相似的白玉在珠宝市场上进行销售,消费者和从业人员要认真区别真假。